GESTALTE DEIN JOURNAL MIT DER BULLET-METHODE

JASMIN ARENSMEIER

GESTALTE DEIN JOURNAL MIT DER BULLET-METHODE

südwest

Inhalt

Memo für dich 6

Was ist Journaling? 8

- ERST EIN PUNKT UND DANN DIE GANZE WELT..................10
- WIE ERREICHE ICH MEIN ZIEL?.....................................14
- EIN GREIFBARER RAHMEN FÜR DEINE GEDANKEN.............16
- DER „SCHLÜSSEL" FÜR DEIN JOURNAL...........................17
- WERKZEUGE...20
- UND WAS NOCH? WEITERE WERKZEUGE ZUM VERSCHÖNERN...26
- JOURNAL-STILRICHTUNGEN – EIN ÜBERBLICK..................31

Der Blick ins Buch 36

- LIFECOACH IM TASCHENFORMAT....................................38
- DER INDEX – DAS INHALTSVERZEICHNIS..........................38
- DIE JAHRESÜBERSICHT...39
- DIE MONATSÜBERSICHT..47
- DIE WOCHENÜBERSICHT...54
- DIE TÄGLICHE PLANUNG...56
- PRODUKTIV WERDEN UND TRÄUME VERWIRKLICHEN.........62
- DIE MACHT DER GEWOHNHEIT......................................66
- DIE PRODUKTIVITÄT STEIGERN......................................80
- ZIELE SETZEN UND ERREICHEN.....................................84
- DANKBARKEITSLISTEN..94
- PLANUNGSROUTINE...96
- FINANZEN IM JOURNAL ORGANISIEREN..........................97
- KOLLEKTIONEN UND NOTIZSAMMLUNGEN.....................106
- SENSIBLE DATEN IM JOURNAL.....................................112
- UMZUG IN EIN NEUES JOURNAL..................................116

Die Gestaltung deines Journals 118

FINDE DEINE HANDSCHRIFT..120
ÜBERSCHRIFTEN..123
SCHMUCKELEMENTE..133
DECKBLÄTTER..136
HACKS UND KNIFFE: FEHLER VERBESSERN..140

Do-it-yourself-Projekte 148

DER DIY-JOURNAL-EINBAND – TRAVELER'S NOTEBOOK........................150
DER DIY-STIFTEHALTER..152
STEMPEL SELBER MACHEN..155
ZEN-JOURNALING – DAS AUSMALBILD..156

Inspiration finden 158

GEMEINSAM KREATIV WERDEN..160
99 LISTEN UND MODULE, DIE DU UNBEDINGT ANLEGEN SOLLTEST......162
VORLAGEN UND BEISPIEL-SPREADS...167

ANHANG...181

MEMO FÜR DICH

Wer mich heute kennt, würde mich vermutlich als 100-prozentigen Digital Native bezeichnen. Wenn du jedoch meine Freunde und meine Familie vor über 20 Jahren gefragt hättest, dann wäre ich diejenige gewesen, „die immer einen Stift in der Hand hat". Oder einen Pinsel. Warum habe ich mich so verändert? Vielleicht habe ich, wie die meisten anderen 90er-Jahre-Kids auch, einfach nur den großen, alten Computer mit Röhrenbildschirm im Keller meiner Eltern entdeckt und mich dann ein bisschen in der digitalen Welt verloren. Was auch gar nicht schlimm ist. Sonst wäre ich vermutlich nicht ich, und du würdest dieses Buch nicht in den Händen halten. Generell war mir immer klar, dass ich etwas Kreatives machen will. Während ich mich in meinem Berufsleben immer tiefer in virtuelle Strategien und Konzepte stürzte, beschlich mich langsam das Gefühl, dass mir etwas fehlte. Zum Malen und Zeichnen fehlte mir die Zeit. Und mein Koffer mit Acrylfarben, Pinseln und unzähligen Stiften lag verstaubt, unangetastet und vergessen unter meinem Bett.

Doch dann öffnete mir das Internet ganz unverhofft die Tür zur analogen Welt. Spätabends stolperte ich über ein YouTube-Video, in dem meine Freundin Reni ihren Kalender präsentierte. Es war ein genormtes Ringbuchmodell mit vorgedruckten Kalenderseiten. Sie individualisierte es mit bunt bedruckten Klebebändern aus Reispapier, sogenannten Washi-Tapes, Stickern und anderen Klebezetteln und erschuf damit etwas völlig Neues. Ich weiß, dass ich – noch während ich vor dem Computer saß – ein altes Blankonotizbuch und alle greifbaren Stifte auf meiner Bettdecke ausbreitete und sofort loslegte. Aufgaben, Termine, Notizen – natürlich machte ich mich auch sofort an die Verschönerung meiner Aufschriebe. Für mich konnte schon immer alles ein Kunstobjekt sein: Karteikarte, To-do-Liste oder Kühlschranknotiz. Warum also nicht auch ein Kalender?

Vier Monate später. Ich sitze, wie jeden Sonntagabend, in meinem Wohnzimmer auf dem Boden. So kann man den niedrigen Couchtisch perfekt als riesige Arbeitsfläche nutzen. Ich habe meinen Filofax aufgeschlagen und meinen Schuhkarton voller Büroartikel, Stifte und Memoblöcke um mich herum verteilt. Ich plane meine Woche, denn das ist mein kleines Ritual geworden. Jeden Sonntag, parallel zum *Tatort* mit einer Tasse Tee, unnötig vielen Kleinigkeiten und einer Menge Schnickschnack, die den Planer schöner machen. Neben dem angenehmen Effekt, etwas organisierter in die neue Woche zu starten, hat diese Stunde voller Ruhe, voller Zeit für mich etwas unheimlich Dekadentes an sich.

Schon sehr bald komme ich an die Grenzen des Ringbuchkalenders. Manchmal frustrieren mich auch leer gebliebene Seiten, weil ich neben dem Wirbel aus Job und Alltag mal wieder nicht zum Planen gekommen bin. Der Stillstand meines analogen Hobbys treibt mich wieder zurück zum – richtig! – Internet. Ziellos scrolle ich umher, klicke mal hierhin und mal dorthin und verschenke meine Zeit an das allgegenwärtige, alles beherrschende World Wide Web. Meine nächtlichen ausgedehnten Onlinerecherchen füttern den Algorithmus einer bekannten Videoplattform mit meinen bevorzugten Themen und Schlüsselwörtern. Planung, Produktivität, Kalender selber gestalten. Und plötzlich taucht es auf, nur einen Klick entfernt: Journaling. Eigentlich hat es mich gefunden – und nicht andersherum. Das mag ein wenig kitschig und nach Liebesgeschichte klingen, wenn wir aber ehrlich sind: Genau das ist es auch. Bis heute!

Was ist Journaling?

#BUJO

ERST EIN PUNKT UND DANN DIE GANZE WELT

Das System des Bullet Journalings wurde von Ryder Carroll, einem Produktdesigner aus New York, erfunden. Bullet Journaling ist eine Unterform des Journalings und momentan der größte und beliebteste Trend in der Community. Es entstand mehr oder minder aus der Not, während er seinen eigenen Arbeitsalltag und die Herausforderungen seines Lebens organisierte. Schon als Kind litt Carroll unter einer Aufmerksamkeitsdefizitstörung, die konzentriertes Lernen und einen soliden Alltag extrem erschwerte.

Er hatte Probleme, fokussiert zu bleiben, und die vielen Entscheidungen, die es zu treffen galt, machten ihm das Leben schwer. Ein Notizbuch sollte helfen, doch so etwas Simples wie „Notizen machen" wird einem in der Schule bis heute kaum beigebracht. Er solle so viele Notizen machen wie nur möglich. Hier fühle ich mit dem jungen Ryder Carroll und erinnere mich an die ersten Aufschriebe meiner Rhetorikvorlesung vor mehr als zehn Jahren. Ein Schwall von Wörtern, die man nicht kennt, die Herausforderung, Informationen zu filtern und Prioritäten zu setzen, was einem beim bloßen Hören nicht ansatzweise gelingt. Am Ende bleibt nur ein Stapel kryptischer Notizen ohne Struktur und Konzept. Was hätte ich zu dieser Zeit dafür gegeben, ein System zu kennen, das bereits bei der ersten Verarbeitung – vom Ohr aufs Papier quasi – eine Ordnung in meine Aufschriebe bringt! Ein nachvollziehbares Grundgerüst. Und genau so ein System hat Ryder Carroll mit dem Bullet Journaling erfunden. Es ist einfach, verständlich und vielseitig einsetzbar. Es strukturiert Aufschriebe, Notizen, Manuskripte (ja, auch dieses hier) und natürlich deinen Kalender. Es setzt sich durch, weil es gut und effektiv funktioniert.

Organisation und Gedankeninventur

Das Journal ist ein toller Weg, das tägliche Leben zu organisieren, Aufgaben zu planen und Notizen aufzuschreiben. Die Welt, in der wir leben, ist unheimlich schnelllebig, reizintensiv, laut, und es ist verdammt schwer, gute Entscheidungen zu treffen. Viele Menschen, ich eingeschlossen, leben in ständiger Überforderung. Das ist nichts, wofür wir uns schämen müssen. Wir können aber definitiv etwas daran ändern. Es wird Zeit, dass wir uns unseren Herausforderungen stellen und unsere Gedanken sortieren. Und genau dabei begleitet uns ein Journal.

Ein Journal ist ein leeres Notizbuch, das du nach deinen Wünschen selber gestalten und füllen kannst. Doch was findet dort Platz? Carrolls Idee war eine Gedankeninventur, die nicht nur alles einschließt und manifestiert, was uns gerade beschäftigt, sondern uns auch hilft, Prioritäten zu setzen, Ziele zu definieren, und uns Handlungswege aufzeigt.

Ich vergleiche das gerne mit meinem immer vollen Kleiderschrank. Hier hängen viele Dinge, die mir nicht mehr passen, die ich nicht mehr brauche oder die schlichtweg nicht mehr in Mode sind. Warum also diesen Teilen nachhängen? Es fällt mir schwer, Ordnung in das System zu bringen, und vor lauter Kleidchen finde ich meine Lieblingsteile nicht mehr oder, noch viel schlimmer: den Blazer, den ich unbedingt für den wichtigen Termin brauche. Die Nebenwirkungen? Entscheidungsmüdigkeit, Einfallslosigkeit und das absolute Chaos – und diese Parabel passt(e) leider viel zu gut auf mein Innerstes. All das inspirierte auch Carroll zu seinem System.

Die Fülle an Gedanken und Informationen ist genauso Teil einer großen Ganzheit, wie ein Fokus, Übersicht und Entschlossenheit fehlen. Wenn es also nach Carroll geht, arbeitest du jedes Mal an deiner Gedankeninventur, wenn du dein Journal aufschlägst. Jeder Mensch hat ungefähr 60.000 Gedanken an nur einem einzigen Tag. Diese zu reflektieren ist ein Fulltime-Job. Ein durchschnittliches Journal hat knappe 250 Seiten und dein Tag nur un-gefähr 24 Stunden. Was schreibst du also auf und was nicht? Nach Carroll sind die folgenden Fragen die wichtigste Leitlinie:

- Ist es unabdingbar oder lebensnotwendig?
- Ist es wichtig?

Wenn du keine der beiden Fragen mit „Ja!" beantworten kannst, ist es vermutlich nur eine Ablenkung. Du kannst den Gedanken fallen lassen und dich den wichtigeren zuwenden.

Das oberste Ziel ist eine Verlagerung deiner Denkweise. Schwer beschäftigt zu sein ist kein Indikator für Erfolg oder Produktivität. Du kannst keine (verlorene) Zeit aufholen. Zeit ist keine erneuerbare Ressource. Doch du hast es in der Hand: Du kannst dir Zeit nehmen für Dinge, die dir wichtig sind.

WAS MACHT EIN
BULLET JOURNAL AUS?

WIE ERREICHE ICH MEIN ZIEL?

Wenn du nun in dich hineinfühlst und dir eines deiner großen Ziele vor Augen führst, kommen bestimmt schnell diese Fragen auf: Wie erreiche ich das nun? Wie bleibe ich dran? Und vor allem: Wie kann mir ein einfaches Notizbuch dabei helfen?

Der Schlüssel zum Erfolg liegt in deiner natürlichen Wissbegier und Motivation. Und diese kitzelst du am besten mit kleinen, machbaren Projekten heraus. Sie schüchtern dich nicht ein, sondern machen Mut.

Doch was sind kleine Projekte?
- Im Idealfall gibt es keine großen Hürden.
- Die Aufgaben und einzelnen Schritte sind klar definiert.
- Du kannst dein Ziel in ungefähr einem Monat erreichen.

Beispiel gefällig? Dann bedienen wir uns doch mal an einem beliebten Neujahrsvorsatz, ein Ziel, das bestimmt schon viele von uns auf ihrer Liste hatten: ein perfekter Körper, ein Sommerbody – wie immer man es auch nennen mag. Fühlst du dich ertappt? Dann beantworte mir die nächste Frage: Hast du es geschafft? Vermutlich nicht. Du musst dich nicht schlecht fühlen. Ich persönlich habe mir das auch schon öfter vorgenommen und nie durchgezogen. Wie auch? Dieses Ziel bietet keinerlei Angriffsfläche für echte Handlungen, definiert keine klare Deadline und bringt ungefähr so viele Hürden mit sich wie ein Aufstieg auf den Kilimandscharo. Die folgenden Projekte und Ziele habe ich jedoch in den letzten Jahren erfolgreich in die Tat umgesetzt:

- Probiere fünf verschiedene Sportarten und bleibe bei der, die dir am besten gefällt.
- 30-Tage-Challenge: Verzichte auf tierische Produkte und dokumentiere die Veränderungen.
- Probiere mindestens ein neues gesundes Rezept pro Woche und sammle die besten für deinen Master-Meal-Plan.

Die Erfolgsquote bei kleinen Projekten ist um ein Vielfaches höher als bei besonders großen und komplizierten Unterfangen. Die von mir genannten Projekte klingen geradezu nach Spaß. Die Absehbarkeit und der Aufgaben-

MACH EINE LISTE MIT DINGEN DIE DICH GLÜCKLICH MACHEN

Mach eine Liste mit Dingen, die du jeden Tag tust

VERGLEICH DIE LISTEN

passe sie DEMENTSPRECHEND *an...*

charakter machen die Umsetzung zu einem Spiel. Und die Wahrscheinlichkeit zu gewinnen ist sehr hoch. Das sorgt für eine Extraportion Spaß und Power.

Gamifizierung funktioniert – auch analog. Wenn du den Weg zu deinem großen Ziel in kleine Etappen aufteilst, kommst du garantiert schneller voran. Die reelle Zeit spielt hier eine große Rolle und ist ausschlaggebend für deine langfristige Motivation. Deswegen frage dich bei jedem Projekt, wie viel Zeit du dafür einplanen willst. Kontrolliere deine Erfolge regelmäßig. Dein Journal ist der perfekte Begleiter, dein Projektmanager für unterwegs. Denn dein Planer ist genauso individuell wie dein Lebenstraum. Weil nur du ihn gestaltest.

Zusammenfassend besteht das Journaling aus drei einfachen Schritten:
1. **Reflexion:** Entrümpele dein Inneres und kreiere eine Gedankeninventur. Trenne dich von allem, was unwichtig ist und dir nicht dient.
2. **Gestaltung:** Fokussiere dich auf die Dinge, die dich wirklich interessieren, und formuliere kleine, machbare Projekte, die dich deinem großen Ziel näher bringen.
3. **Hingabe:** Forme aus der Aktualisierung deines Gedankeninventars eine Gewohnheit, die dich täglich begleitet.

EIN GREIFBARER RAHMEN FÜR DEINE GEDANKEN

So viel zur Theorie. Deine Gedanken müssen geäußert werden und du sollst ihnen eine angemessene Form geben. Hier wird Journaling das erste Mal greifbar. Die angewandte Sprache und Inspiration für diesen Journal-Stil ist das sogenannte Rapid Logging. Das Ganze besteht aus wenigen simplen Komponenten: aus Themen, Seitenzahlen, schriftlichen Inhalten und Symbolen – sogenannten Punkten oder englisch *Bullets,* die ich weiter unten genauer beschreibe. Alles Weitere ist komplett optional! Einen festgelegten Stil gibt es nicht. Du kannst dein Journal ganz minimalistisch halten oder kleine Zeichnungen und Überschriften hinzufügen.

Das Journal lässt sich am besten als Rahmen beschreiben. Dieser Rahmen besteht aus verschiedenen Modulen, die du beliebig aneinanderreihen und zusammensetzen kannst. Module sind Bausteine, um spezifische Einträge und Inhalte zu sammeln und zu organisieren. Die meisten Beiträge beschreiben deine Tage oder geben dir eine Übersicht über deine Woche oder sogar einen ganzen Monat. Das Besondere am Journal ist, dass du es in der Hand hast und alle Anpassungen zu 100 Prozent individuell und nach deinen Wünschen gestalten kannst. Das Allerwichtigste: Die Regeln bestimmst nur du allein!

— **Tipp** —

Journaling ist das Richtige für dich, wenn du …
- **deinen Alltag strukturieren und organisieren möchtest,**
- **einen individuellen Kalender für alle deine Termine suchst,**
- **ein kreatives Outlet benötigst,**
- **mit digitaler Organisation nicht zurechtkommst,**
- **gerne produktiver wärst und**
- **deine Ziele endlich effizient in die Tat umsetzen willst.**

DER „SCHLÜSSEL" FÜR DEIN JOURNAL

Was macht dein Journal so einzigartig, und wie grenzt sich diese Art der Gestaltung von anderen Journaling-Techniken ab? Was ist der eigentliche Kern, der dein Leben produktiver und effizienter machen soll? Sind es die speziellen Werkzeuge, ein bestimmtes Notizbuch oder kunstvolle Verzierungen bei deinen Einträgen?

Ja und nein! Natürlich kann all das Teil deiner Planungsroutine sein, jedoch ist nichts davon wirklich ausschlaggebend. Der Ursprung dieser Arbeitstechnik ist minimalistisch und in nur fünf Minuten erlernbar. Wenn man es ganz genau nimmt, versteckt er sich sogar bereits im Namen.

Der Punkt ist das vermutlich meistgenutzte Symbol im Bullet-Journal-Universum des Ryder Carroll. Er steht für deine zahlreichen Aufgaben und ist nur eines von vielen Zeichen des sogenannten Schlüssels. Mit nur wenigen Strichen und Punkten verwandelst du einen gewöhnlichen Aufschrieb in einen echten Masterplan: Aufgaben, Notizen, Termine und besonders Wichtiges sind auf den ersten Blick zu erkennen.

Ryder Carroll, der Erfinder des Bullet Journals, hat den folgenden Schlüssel als Herzstück seines Systems entwickelt:

- •   Aufgaben
- O   Events und Termine
- ×   erledigt
- –   Notizen
- *   wichtig
- <   noch nicht erledigt und nicht dringend, kann vorerst in die Jahresübersicht übertragen werden
- \>   noch nicht erledigt und kann in die nächste Wochen- oder Monatsübersicht übertragen werden
- ~~xy~~   nicht mehr wichtig, wird nicht mehr erledigt

Du kannst diese Symbole und die damit verknüpften Bedeutungen übernehmen oder deinen eigenen Schlüssel entwickeln. Am besten trägst du deinen Schlüssel direkt in eine der ersten Seiten deines Planers ein. Damit manifestierst du deine persönliche Grundlage und bist bereit. Loslegen war noch nie so einfach. Du hast damit eine Struktur für das schnelle Aufschreiben und Verarbeiten von Informationen zu einer Liste, die dir einen konkreten Plan vorgibt.

Folgende Symbole haben sich in den letzten Jahren bei mir zusätzlich bewährt und könnten auch für dich nützlich sein:

- /   angefangene Aufgabe
- ⊙   wichtige Deadline
- 1 2 3   Prioritäten

Schlüssel

- AUFGABE
- ○ TERMIN
- ✕ ERLEDIGT
- — NOTIZ
- ✳ WICHTIG
- < SPÄTER ERLEDIGEN
- > NEU EINPLANEN
- N̶ UNWICHTIG

> **— Tipp —**
>
> In meinem ersten Journal habe ich ein kleines Kärtchen benutzt – auf dem ich die Symbole, die ich zur Kennzeichnung benutzte, notiert hatte –, das ich mit einer Büroklammer oder einem dekorativen Stück Washi-Tape immer auf meine aktuellen Seiten mitnehmen konnte. So musste ich bei Unsicherheiten mit dem Schlüssel nicht hin und her blättern und habe ihn mir sehr schnell eingeprägt. Das eignet sich besonders für Anfänger oder für alle, die dem Schlüssel keine extra Seite widmen wollen.

Diesen Schlüssel wendest du nun bei jedem deiner Kalendereinträge, Notizsammlungen oder in deinen Monats- und Wochenübersichten an. Damit strukturierst du deinen Aufschrieb und weißt sofort, was zu tun ist. Diese Technik ist besonders hilfreich, wenn du eine große Fülle an Informationen in einer kurzen Zeitspanne verarbeiten musst.

WERKZEUGE

Das Journaling mit der Bullet-Methode ist im Grunde eine sehr minimalistische Technik, die kaum nach Zubehör verlangt. Diese Schlichtheit macht es für jeden zugänglich. Eigentlich brauchst du nur ein Notizbuch deiner Wahl und einen Stift, der gut in der Hand liegt. Ich möchte an dieser Stelle meine liebsten Werkzeuge mit dir teilen und meine Erfahrungen, die ich als absoluter Journal-Anfänger sowie später als gestandener Journaling-Profi gemacht habe.

Ich nutze nach wie vor das gleiche Notizbuch, den gleichen schwarzen Fineliner und die immer gleichen Filzstifte. Genau wie am ersten Tag. Das eine oder andere ist dazugekommen, jedoch würde ich tatsächlich immer noch mit meiner Grundausstattung auskommen. Das zur Verfügung stehende Material hat nämlich vergleichsweise wenig Einfluss auf die Effektivität der Journaling-Technik.

> **— Tipp —**
>
> **Du kannst zusätzlich eine Farbcodierung für verschiedene Themen (zum Beispiel Planung, Arbeit, Freizeit oder Notizen) integrieren. Färbe ein kleines Quadrat an der äußeren Ecke deines Journals ein, um bestimmte Seiten beim Durchblättern schneller zu finden. Die Markierungen sind seitlich sichtbar, wenn das Buch geschlossen ist. Sie sind ein idealer Wegweiser beim schnellen Durchblättern. Mehr Ideen dazu findest du auf Seite 42 unter dem Abschnitt „Legende".**

Die gute Nachricht: Mit nur wenigen Mitteln bist du schnell gut ausgestattet und kannst sofort loslegen. Die „schlechte": Ich habe es mir nicht nehmen lassen, ein paar weniger elementare, aber dennoch großartige Gadgets und Spielereien aufzuführen, die vermutlich auf deiner Wunschliste landen. Bei tollen Schreibwaren kann ich einfach nicht Nein sagen!

Das Buch – Papier und Format

Das Buch ist die Grundlage, die Leinwand für dein Journal. Es vereint für dich in Zukunft Kalender, Tagebuch und Kreativjournal in einem. Folgende Fragen solltest du dir vor dem Planerkauf stellen:

- Soll ein ganzes Jahr in meinem Buch Platz finden?
- Wie viel schreibe ich pro Tag (wie viele Seiten brauche ich?)
- Schreibe ich gerne mit Tinte, Fineliner, Kugelschreiber oder Bleistift?
- Möchte ich auch andere Kreativtechniken anwenden, mit Kleber arbeiten oder sogar mit Wasserfarben?
- Habe ich mein Journal immer dabei oder nutze ich es vor allem zu Hause?
- Möchte ich den Einband meines Journals selber gestalten?

Wenn du sehr viel reist und dein Planer bei jedem Termin mit dabei sein muss, solltest du in ein Hardcover mit stabiler Bindung investieren. Eventuell kannst du sogar über einen Schutz oder zusätzlichen Einband nachdenken.

Die Papierstärke ist ein weiteres wichtiges Detail und eines der Merkmale, auf welches ich besonders viel Wert lege. Ein dickeres Papier ist tintensicher und verhindert, dass deine Aufschriebe nach dem Umblättern durchscheinen. Jedoch können verhältnismäßig dicke Papierstärken dein Journal unheimlich beschweren. Ich persönlich möchte meinen Planer immer und überall dabeihaben und brauche damit vor allem eines: ein leichtes Buch! Eine Papierstärke zwischen 80 und 100 Gramm pro Quadratmeter (g/m²) ist optimal und verbindet beides. Der Planer bleibt leicht und beschwert deine Tasche nicht merklich – weder durch Gewicht noch durch eine ausladende Breite – und die meisten Stifte scheinen nicht durch die Seiten.

Ähnlich halte ich es mit dem Format: je kleiner, desto leichter und handlicher. Jedoch brauche ich auch genügend Platz für Mindmaps, Aufschriebe und Notizsammlungen. Ein DIN-A5-Planer entspricht aufgeschlagen einer DIN-A4-Seite, womit er zahlreiche Gestaltungsmöglichkeiten mit sich bringt und zeitgleich in jeder Tasche Platz findet. Wenn du sehr viel unterwegs bist und kaum dekorierst und deine Tage vor allem mit Aufgabenlisten planst, kannst du dir auch ein noch handlicheres DIN-A6-Format anschauen.

Kleinkariert?

Ein Trend im Journaling ist das gepunktete Raster. Die Vorteile? Das sogenannte Grid – das Wort kommt aus dem Englischen und bedeutet „Gitter, Raster" – ist fast unsichtbar und gibt dir doch eine wertvolle Starthilfe bei der Gestaltung deiner Module. Es eignet sich außerdem perfekt für geometrische Zeichnungen und das Weiterentwickeln deiner persönlichen Handschrift. Solltest du dein Journal auch für kunstvolle Projekte, Vision Boards und Zeichnungen nutzen wollen, kannst du auch ein Blankobuch wählen. Mit extraviel Weißraum kannst du dich gestalterisch komplett austoben. Wenn deine Handschrift noch etwas unsicher ist oder du generell viel Platz für Fließtext und Tagebucheinträge brauchst, empfehle ich dir ein Buch mit Hilfslinien. Teste aus, ob dir dein Schriftbild besser auf einem karierten oder linierten Blatt gefällt.

Und wenn wir schon beim Thema Weißraum sind: Weiß ist zwar keine Farbe, kommt aber in unheimlich vielen Nuancen daher. Solltest du also ein blütenweißes Papier wollen, wirst du bei den Planerklassikern lange suchen.

Die Kultmarken Moleskine und Leuchtturm produzieren nämlich vor allem Bücher mit einem leicht gelblichen Papier. Dahinter steckt allerdings viel mehr als nur die Präferenz für ein getöntes Weiß. Die Papiergattung ist unter anderem ausschlaggebend für die Saugkraft und Textur des Papiers. Für Journaling und Schreibarbeit eignen sich generell Papiere, die mehr Tinte aufnehmen und diese nicht so stark ausbluten lassen. Reinweißes Schreibpapier ist oft zu glatt und lässt sich mit bestimmten Spitzen oder Federn nicht so angenehm beschriften.

Das letzte wichtige Detail sind Seitenzahlen. Für das Journal sind bereits vorgedruckte Seitenzahlen eine immense Erleichterung. Ich würde dir auf jeden Fall empfehlen, das bei deiner Planerwahl zu berücksichtigen. Im Zweifel kannst du deine Seiten natürlich auch händisch durchnummerieren und damit ein anderes Notizbuch recyclen.

Genauso könntest du dir überlegen, ob du dir vielleicht ein Buch mit Lesebändchen zulegen möchtest, sodass du mit dessen Hilfe immer gleich auf der aktuellen Seite landest.

Stifte

Ich gehöre zu der Sorte Mensch, die ein Journal ausschließlich einfarbig und mit dem immer gleichen Stift beschriftet. Das mag der eine oder andere komisch finden, für mich macht es das Planen jedoch extrem einfach. Ich habe meistens nur einen Stift dabei und muss damit nicht viel einpacken. Das Eliminieren von unnötigen Entscheidungen sorgt für einen freien Kopf.

Wer die Wahl hat, hat die Qual. Das hebe ich mir lieber fürs Dekorieren auf – aber nicht für meine täglichen Aufschriebe. Wenn du deinen Signaturstift gefunden hast, gibt dies deinem Journal einen einheitlichen Look, und dir wird es schnell gelingen, dein Schriftbild zu optimieren. Ich schreibe am liebsten mit einem schwarzen Fineliner mit filigraner Spitze. So gelingen mir schlanke Buchstaben, und ich kann den Platz in meinem Buch gut ausnutzen.

Meine Checkliste für einen guten Stift:
- Er muss gut in der Hand liegen.
- Er darf nicht auf dem Papier kratzen.

- Die Tinte oder Farbe darf nicht durchbluten oder verlaufen.
- Die Tinte soll wasserfest und lichtbeständig sein.
- Die Kappe muss fest schließen und darf nicht einfach abfallen, da er sonst zu schnell austrocknet.
- Für meinen Fließtext bevorzuge ich eine sehr schmale Stärke, am liebsten 0,3 Punkt.

UND WAS NOCH? WEITERE WERKZEUGE ZUM VERSCHÖNERN

Die folgenden Werkzeuge sind optional und definitiv nichts für Minimalisten. Für den einen oder anderen gestandenen Journaling-Profi gibt es hier ein paar Anregungen für den persönlichen Wunschzettel.

Schablonen

Endlich einheitlich! Mit Schablonen kannst du immer wiederkehrende Elemente in deinem Journal uniform gestalten und damit deine Arbeitsabläufe vereinfachen und verkürzen. Und das, ohne auf gestalterische Mittel verzichten zu müssen. In Kreativmärkten oder online gibt es Schablonen für verschiedene Einsatzgebiete. Einige geben dir den Rahmen für ein ganzes Wochen- oder Tageslayout vor, andere eignen sich perfekt, um Texte mit einer Box zu umranden oder Kreise zu übertragen. Natürlich gibt es auch unzählige Variationen für Schmuckelemente, Überschriften und Zahlen. Diese Hilfsmittel eignen sich gut für Anfänger oder für alle, die gerade ihren Kalender von einem vorgefertigten System in ein Journal umziehen.

— **Tipp** —

Wenn du dein Journal bereits eine Weile führst, merkst du schnell, welche Symbole oder Elemente oft vorkommen und dir nicht so einfach von der Hand gehen. Dieses lästige Wassertropfensymbol auf deiner Tagesübersicht oder die immer krumm geschriebenen Wochentage, die dich stören? In diesem Fall lohnt es sich, auf eine Schablone auszuweichen.

Sticker
Ähnlich vielfältig ist auch das Angebot an Stickern. Die kleinen Aufkleber eignen sich besonders gut für Ungeduldige oder Gestaltungsmuffel. Der Markt ist groß, und man kann jegliche Dekoelemente, Überschriften und Symbole durch Sticker ersetzen. Das geht schnell und sieht einheitlich aus. Außerdem kann man sich ganz ohne Zeichentalent wunderschöne saisonale Designs zaubern.

Stempel
Hast du schon einmal von einem Hanko gehört? Das sind japanische Namensstempel, die genauso genutzt werden wie eine Unterschrift. Privatpersonen, Unternehmen oder Organisationen haben einen persönlich Hanko und signieren damit Dokumente, Verträge und andere – weniger förmliche – Schriftstücke.

Ohne hier weiter ins Detail zu gehen: Stempel sind eine tolle Sache. Richtig eingesetzt, optimieren und vereinfachen sie deinen Workflow. Und wie zufriedenstellend ist der perfekte Abdruck auf einem weißen Papier! Keine Patzer, keine Fehler.

Ganz inspiriert von der japanischen Kultur, liebe ich personalisierte Stempel. Die machen sich nicht nur in deinem Planer gut, sondern schmücken auch Briefe und kleine Botschaften für deine Lieben. Besonders praktisch sind Stempel für das Datum oder die Monatsübersicht. Wie oft habe ich mich dabei schon verschrieben oder konnte die kleinen Zahlen trotz schmaler Spitze kaum lesbar aufs Papier bringen.

Auch hier gilt: Investiere in den Stempel, der dir am meisten bringt. Stöbere durch ein volles Journal und suche Symbole und Elemente, die du häufig nutzt und die du gerne einheitlicher gestalten würdest. Das kann ein kleines To-do-Kästchen oder sogar ein ganzes Alphabet sein.

Wenn du kein Geld für Stempel ausgeben willst, zeige ich dir im Projektteil, wie du individuelle Stempel mit wenigen Hilfsmitteln selbst herstellen kannst. Hundertprozentig maßgeschneidert und natürlich mit deinem Wunschmotiv. Du findest das DIY-Stempel-Projekt auf Seite 154–155.

Der Einband

Ich bin viel unterwegs und habe mein Journal immer dabei. Ganz egal, wie dynamisch mein Leben ist, an meiner Planungsroutine halte ich fest. Letztes Jahr war ich beispielsweise zu einem wichtigen Termin unterwegs und stellte auf halber Strecke im Stau fest, dass meine Wasserflasche in meinem Rucksack ausgelaufen war. Ich blieb noch relativ gelassen, als ich den Laptop und das Kabelwirrwarr trockenlegte. Als ich jedoch mein triefendes Journal aus der Tasche zog und mit zugekniffenen Augen auf den Lüftungsschacht legte, versteinerte sich meine Miene. Auch das noch! In dem kleinen (damals grauen und heiß geliebten) Buch steckte mein ganzes Leben und noch viel mehr. Für den Rest der Fahrt quälten mich Gedanken wie: „Kann man noch alles lesen?" Oder: „Quillt das Cover oder die Bindung auf?" Und natürlich: „Diese gewellten Seiten kann ich mir nicht Tag für Tag anschauen …"

Als ich schließlich an meinem Ziel angekommen war, überließ ich mein geliebtes Journal seinem Schicksal. Es war sehr heiß, und die exponierte Lage direkt unter der Windschutzscheibe sollte den Trockenvorgang begünstigen. Ich schulterte meinen Rucksack und fühlte mich ohne Planer richtig nackt. Das war kein guter Start in einen Arbeitstag. Direkt am nächsten Abend machte ich mich auf die Suche nach einem schützenden Einband für mein Buch. Erst aus der Not heraus fiel mir auf, dass ich einen wahren Trend verpasst hatte. Es gibt ähnlich wie beim Journaling auch eine eingeschworene Community um die sogenannten Midori Traveler's Notebooks und die Fauxdoris. Übrigens ein Thema, mit dem man auch ein eigenes Buch füllen könnte. Das Charmante an diesen multifunktionalen Einbänden ist das vielfältige Zubehör und die individuelle Note – ein System, das das Journaling sehr gut ergänzt. In dem robusten Einband eines Midori Traveler's Notebooks finden meist ein Journal und mindestens ein weiteres Notizheft Platz. Außerdem haben viele dieser Hüllen ein Geheimfach und bieten genügend Stauraum für Klebezettel oder Visitenkarten sowie eine oder mehrere Stiftehalterungen.

Das klingt alles wunderbar, jedoch sind diese Multitalente in Deutschland schwer zu bekommen und zudem noch recht teuer. Wenn du dich aber unsterblich in ein Modell verliebt hast und außerdem viel unterwegs bist:

Worauf wartest du noch? Für alle anderen gibt es ab Seite 150 eine tolle Do-it-yourself-Idee, mit der ihr euren ganz persönlichen Einband ganz einfach selbst basteln könnt.

JOURNAL-STILRICHTUNGEN – EIN ÜBERBLICK

Nachdem wir uns nun mit dem Drumherum und der Theorie auseinandergesetzt haben, wird es Zeit für das Wesentliche: das Innenleben! Bevor ich dir die verschiedenen Module und Elemente vorstelle, möchte ich dir eine kurze Übersicht über verschiedene grundlegende Gestaltungsrichtungen geben. Wenn du dir die Beispielbilder der Monatsübersichten, Sammlungen und Tracker anschaust, behalte dies immer im Kopf: Du kannst jede Gestaltungsrichtung auf das jeweilige Laycut anwenden. Wenn du zum Beispiel ein minimalistischer Typ bist, kannst du jedes noch so detailverliebte Layout abwandeln, bis es für dich funktioniert.

Das Journal ist ein individuelles System, das nicht nur inhaltlich auf deine Bedürfnisse zugeschnitten ist, sondern auch nach deiner Wahl gestaltet, dekoriert oder eben ganz pur und funktional gehalten werden kann. „Das ist nichts für mich!" gibt es nicht, denn du hast die Gestaltung selbst in der Hand. Die folgenden Stilrichtungen sind am weitesten verbreitet und sollen dir als Inspiration dienen – natürlich kannst du dich nach Lust und Laune selber neu erfinden und etwas ganz anderes, noch nicht Dagewesenes schaffen. Wenn du ganz neu im Journaling-Universum bist, kannst du ab Seite 181 mit einem kurzen Quiz herausfinden, welcher Stil für deine Bedürfnisse und Ziele infrage kommt.

Falls du von Schmuckelementen und tollen Überschriften nicht genug bekommen kannst, findest du im Kapitel „Gestaltung" ab Seite 118 viele weitere Ideen und Anleitungen zum Üben und Nachmalen.

Für Detailverliebte – Kreativ-Journaling

Der kreative Journal-Stil lässt keine Wünsche offen: Greife auf eine volle Farbpalette zu und verschönere deine Tage und Wochen mit Überschriften und dekorativen Zeichnungen. Ein bunter Zeitstrahl mag auf den ersten Blick nur schön sein, aber Journal-Profis wissen ihn zur Steigerung ihrer eigenen Produktivität einzusetzen.

MÄRZ 2018

1 2 3 4 5 6 7 8 9 10 11 12 13

Dienstag

- ✗ E-MAIL SABRINA
- ○ ZAHNARZT 12 UHR
- · VERMIETER ANRUF
- ⟩ BLOGPOST DIY
- · MAMA ANRUFEN
- ✗ PRÄSENTATION HE
- · BUJO INSTAGRAM
- · SAUGEN
- ✗ GASSI GEHEN

1 2 3 4 5 6 7 8 9 10 11 12 13

Mittwoch

- ✗ ABGABE HAUSAR
- ○ TIERARZT 17 UHR
- ○ YOGA 18 UHR

DER KREATIVE STIL BRINGT FARBE IN DEINE PLANUNG.

Das Original – minimalistisch

Ein besonders minimalistischer Stil verschreibt sich vor allem der Produktivität. Die Gestaltung soll besonders übersichtlich und effizient sein. Außerdem soll die Erstellung der verschiedenen Layouts nicht mehr Zeit in Anspruch nehmen als unbedingt nötig. Der Fokus liegt einzig und allein auf dem Inhalt. Gestalte die Seiten und Sammlungen einfarbig und setze keine oder kaum dekorative Elemente ein. Trennlinien und die zuvor beschriebenen Symbole und Aufzählungspunkte organisieren die Module und Tageseinträge.

DER MINIMALISTISCHE STIL

Mixed Media – Scrapbooking Style

Wenn du mit deinem Journal Erinnerungen konservieren möchtest oder es vor allem als kreatives Ventil nutzt, ist der Scrapbooking-Stil eventuell etwas für dich! Hier werden neben vielen bunten Farben auch zusätzliche Elemente wie Washi-Tapes, Sticker, Fotos, Zettel und Erinnerungsstücke wie zum Beispiel Eintrittskarten eingeklebt. Dadurch entstehen wahre Kunstwerke, die du auch in vielen Jahren bestimmt noch gerne in die Hand nimmst! Diese Stilrichtung geht über die bloße Alltagsplanung hinaus und ist ein zeitaufwendiges Hobby.

MIXED MEDIA: STICKER, FOTOS, WASHI-TAPE

Der Blick ins Buch

DIE INHALTE

LIFECOACH IM TASCHENFORMAT

Du hast jetzt bereits eine ganze Menge über das Journal erfahren: wie es aussieht, was es ausmacht und was dahintersteckt. Die große Vision und die Theorie sind das eine, doch wie sieht ein solcher Planer im Alltag aus? Wie fängt man nun am besten an? Vielleicht hast du auch bereits den Stift gezückt und sitzt vor einem leeren Blatt Papier. Und nun?

Im folgenden Teil stelle ich dir die beliebtesten Inhalte vor. Die Grundlagen des Journal-Systems, die deinen Alltag im Handumdrehen verändern werden. Dein ganz persönlicher Kalender, dein treuer Begleiter. Bedenke jedoch bei jedem meiner Vorschläge: Dein Journal ist, was du daraus machst. Keines dieser Module ist ein absolutes Muss.

INDEX – DAS INHALTSVERZEICHNIS

Das letzte selbst erstellte Inhaltsverzeichnis ist mir vor dem Journaling wohl bei meiner Masterthesis untergekommen und war selbst dort ein automatisierter Vorgang, der so schnell und problemlos wie möglich verlaufen sollte. Und vermutlich geriet er auch gerade deshalb genauso schnell in Vergessenheit. Ich hätte im Leben nicht damit gerechnet, in naher Zukunft wieder ein Inhaltsverzeichnis zu erstellen – schon gar nicht „privat" und abseits von heiligen Unihallen. Für was auch?

Vorgefertigte Kalender und Planer besitzen meist keine Inhaltsangabe, und wenn doch, verliert diese meist schnell an Bedeutung, spätestens sobald du individuelle Anpassungen an deinem Kalender vollziehst und ihn tatsächlich benutzt. Doch es kann durchaus sinnvoll sein, ein Verzeichnis anzulegen. Warum also nicht einfach selber machen? Denk an die Zukunft! Eine nachvollziehbare Struktur ist sehr nützlich und erspart dir Zeit und frustriertes Blättern und Suchen.

Viele Notizbücher, die ausdrücklich für das Journaling geeignet sind, besitzen bereits einen Vordruck für deinen Index. Ganz egal ob DIY oder Vorlage: Das Prinzip ist einfach. Du trägst alle Seiten, auf die du eventuell wieder zurückkommen möchtest, in deinen Index ein und versiehst sie mit der jeweiligen Seitenzahl. Ich persönlich trage nicht jeden Aufschrieb in meinen Index ein. In der Regel beschränke ich mich auf alles, was ich definitiv regelmäßig zur Hand nehme, und fasse monatliche Seiten zusammen, zum Beispiel alle Tageseinträge eines Monats. So sparst du Platz und hältst dein Inhaltsverzeichnis übersichtlich.

Bei einem prall gefüllten Planer kann jedoch selbst diese Variante schnell unübersichtlich werden. Wenn du deinen Index etwas strukturieren möchtest, bietet sich eine Katalogisierung nach Themen an. So kannst du die Module und Gattungen als Überschriften auflisten, die du erfahrungsgemäß am meisten im Alltag benutzt. In den meisten Fällen sind das:

- Monatsübersichten
- Wochenübersichten
- Tagesübersichten
- Kollektionen und Notizen

— Tipp —

Du möchtest deine Seiten noch schneller finden? Hebe den Beginn eines jeden Monats mit einer Farbe hervor oder nutze eine Farbcodierung für den Index, der sich auch an den einzelnen Seiten in deinem Journal spiegelt. Kleine Flaggen, die aus dem Buch herausschauen, sind auch eine super Möglichkeit und schnell gebastelt. Wenn du im nächsten Monat weitermachst, kannst du die Flaggen entfernen oder „umziehen".

DIE JAHRESÜBERSICHT

Viele verstehen das Journal als individuelle Aufgabenliste, Kunstobjekt oder Skizzenbuch. Das ist auch alles richtig, doch das Journal kann noch so viel mehr. Durch die folgende Funktionalität wurde das Journal mein Buch für alles: ein Kalender, der nach meiner Uhr tickt. Eine flexible Chronik, die so weit in die Zukunft blickt, wie ich mag. Ein Jahr? Zwei Jahre? Du kannst deine

STRUKTURIERE DEINEN INDEX UND FINDE DIE VERKNÜPFTEN INHALTE NOCH SCHNELLER UND ZIELGERICHTETER.

Jahresübersicht nach deinen individuellen Vorstellungen und Bedürfnissen gestalten. Deine persönliche Zeitrechnung startet und endet genau dann, wann es dir passt. So ist endlich Schluss mit leeren Kalenderseiten und unnötigem Weißraum.

„Was machst du eigentlich mit Terminen, die ferner in der Zukunft liegen?" ist die Frage, die mir Journal-Interessierte am meisten stellen. Der sogenannte Future Log, wie er im Journal-Jargon heißt, ist dein Werkzeug für die Langzeitplanung. Hier finden Termine, Geburtstage, Urlaube und andere wichtige Daten Platz, die du über Monate oder ein ganzes Jahr hinweg planen möchtest. Diese Übersicht hilft dir bei der Monats- und Tagesplanung und ersetzt in erster Linie einen handelsüblichen Kalender. Das Schöne an deiner ganz persönlichen Übersicht? Sie beginnt nicht zwangsläufig am Ersten des Jahres und endet selten am letzten Tag im Kalenderjahr. Sie orientiert sich daran, wann du mit deinem Journal begonnen hast, und am wichtigsten: an deinen Terminen!

Für ein gelungenes Design solltest du dich zunächst mit den Maßen deines Journals auseinandersetzen. Zähle die Kästchen – sofern die Seiten deines Journals kariert sind – nach der Länge und Breite oder miss deine Seiten mit einem Lineal aus. Im Internet findest du eine aktuelle Kalenderübersicht. Nicht alle Monate haben gleich viele Tage, diese kleinen Ungleichmäßigkeiten solltest du bei der Gestaltung mit einplanen. Du kannst deinen Kalender im Hoch- oder Querformat anlegen oder dein aufgeschlagenes Journal als große Leinwand sehen und beide Seiten in das Layout miteinbeziehen.

Einige Beispiele für eine übersichtliche Jahresplanung findest du in den folgenden Abbildungen. So gibt es nie wieder Platzprobleme! Ein ganzes Jahr findet auf zwei Seiten definitiv Platz. Die Doppelseite bietet genug Raum für all deine Termine.

Legende
Neben einer übersichtlichen Gestaltung und wiederkehrenden Symbolen können auch Farben, Abkürzungen und Icons helfen, deinen Planer zu strukturieren. Sie ergänzen deinen klassischen Journal-Schlüssel und machen ein minimalistisches Layout flexibel und funktional.

Farbe

Eine Jahresübersicht besteht vor allem aus Terminen. Deswegen bietet sich eine Farbcodierung an, um verschiedene Anlässe und Prioritäten auf den ersten Blick sichtbar zu machen. Wähle beispielsweise eine Farbe für Geburtstage, eine andere für Privates und eine dritte für wichtige Termine und Deadlines im Arbeitsleben.

Deinen Farbcode kannst du mit deinem Journal-Schlüssel auf einer separaten Seite festhalten oder bei Bedarf als Legende auf den betreffenden Sammlungen und Einträgen anführen. Das bietet sich vor allem dann an, wenn du deine Farbcodierung nicht für alle Einträge nutzt oder die Farben immer wieder neu zuordnest. Wie du die Farben in deinen Planer integrierst, bleibt dir überlassen. Sie sollten es dir jedoch erleichtern, Seiten schneller zu finden oder Inhalte noch besser zuordnen zu können. Wähle weise und bremse dich: Im Sinne der Produktivität ist weniger manchmal mehr.

FARBCODIERUNG FÜR EINE SCHNELLE ÜBERSICHT: DER COLOR CODE

EINE AUSWAHL EINFACH ZU ZEICHNENDER ICONS

Icons

Du möchtest deine Übersicht farbneutral halten (wer hat auch schon immer fünf verschiedene Stifte dabei?) und deine Jahresübersicht mit wenig Equipment unterwegs anpassen können? Erarbeite dir eine Legende mit einschlägigen Icons, die einfach und einfarbig zu zeichnen sind und auf den ersten Blick Sinn machen.

Du brauchst ein funktionierendes System, das genug Platz für all deine Termine und Bedürfnisse bietet. Ganz schön viel Aufwand, so ein Jahreskalender, meinst du? Ich kann deine Gedanken förmlich hören: „Einmal im Jahr ist einmal zu viel. Das krieg ich nicht hin. Wo ist der Drucker?" Ich kann das gut nachvollziehen, die Jahresübersicht ist auch bei mir die Seite mit der höchsten Fehlerquote. Und das ist ärgerlich, immerhin begleitet sie mich besonders lange. Um dir diese Hürde zu nehmen, habe ich ein kostenloses Printable für dich vorbereitet. Unter www.teaandtwigs.de kannst du es herunterladen. Das Design passt in einen DIN-A5-Planer und kann am Computer in den Druckeinstellungen auch auf andere Maße angepasst werden.

DIE MONATSÜBERSICHT

Die Monatsübersicht, im Journal-Jargon Monthly Log genannt, soll unmittelbar bevorstehende Termine sichtbar machen und diese mit deinen persönlichen Zielen, Aufgaben und Inspirationen auf einen Nenner bringen. Wenn ich mein Journal aufsetze oder betrachte, habe ich oft das Bild einer großen Lupe oder eines Mikroskops vor mir. Von Seite zu Seite gehe ich immer tiefer in mein Buch hinein und damit in mich. Von einer ersten Übersicht meiner Termine bis hin zur detaillierten Planung verschiedener Tagesaufgaben und Projekte – Dinge und Aufgaben wiederholen sich, werden dafür aber konkreter und bekommen mehr Dimensionen. Sie werden greifbar und nehmen Form an, bis sie schließlich abgehakt sind und damit in die Galerie einziehen.

Die Monatsübersicht lässt sich am besten in einer nach Tagen nummerierten Liste mit knappen Einträgen darstellen. Termine werden konkret geplant, Deadlines festgelegt und erste Ziele und Aufgaben definiert.

Das Aufsetzen und Planen eines neuen Monats macht mir ganz besonders viel Spaß. Im Folgenden findest du einige Vorlagen und Layouts für eine produktive Monatsplanung.

Farbe
Ähnlich wie bei der Jahresübersicht kann eine Farbcodierung Struktur und Funktionalität in deine minimalistische Monatsübersicht bringen. Das ist übrigens auch das Layout meiner Wahl. Ich nutze eine Farbe, um private Termine zu markieren, und eine andere, um Termine als geschäftlich zu kennzeichnen.

Du kannst hier mit den gleichen Farben arbeiten, die du auch in deiner Jahresübersicht nutzt, oder diese flexibel jeden Monat neu wählen. Wenn du, so wie ich, deine Designs jeden Monat saisonal dekorierst, bietet es sich an, diese Farbwelten als Inspiration herzunehmen.

Bevor du diese Seite anfertigst, solltest du jeweils zur Jahresübersicht zurückblättern und Geburtstage und wichtige andere Termine übertragen, damit diese nicht in Vergessenheit geraten.

Design

Zeichnen ist ein kreatives Outlet und mit kleinen Skizzen lassen sich Momente und Erinnerungen für die Ewigkeit festhalten. Wer sich Zeit für seine Monatsübersicht nimmt und Spaß an einer aufwendigeren Gestaltung hat, ist hier genau richtig.

Meine Selbststudie über die letzten Jahre hat übrigens ergeben, dass ich auf Seiten, die mich mehr Mühe gekostet haben, erheblich öfter zurückkomme. Ein liebevoll gestaltetes Design bleibt selten unberührt und liegt gerne offen auf dem Schreibtisch. So trägt es ganz nebenbei zu einem größeren Planungserfolg bei!

Gerade als Journal-Anfänger ist es schwierig, die richtige Balance zwischen Design und Funktionalität zu finden. Die besonders detailverliebten Layouts, die man online findet, erinnern mehr an museumsreife Kunstwerke als an einen Terminplaner. Doch beides ist okay! Gestaltung ist subjektiv und wichtig ist, was dir gefällt und dich im Alltag weiterbringt.

Journaling kann ein Produktivitätswerkzeug sein, aber auch ganz schnell zu einer eigenen Kunstform avancieren. Wer weiß, vielleicht finden wir in ganz vielen Jahren sogar die eine oder andere Seite tatsächlich in einem Museum? Wir alle hatten vermutlich schon mal einen Wandkalender, in den wir Geburtstage und Co. eingetragen haben: Und den wertschätzt man auch mehr, wenn er liebevoll gestaltet ist. Sonst hängt man ihn vielleicht gar nicht erst auf, oder?

Besonders übersichtlich ist eine grafische Kalenderansicht. Mit einem Lineal kannst du deine Seiten mit Kästchen füllen und diese wiederum mit deinen wichtigsten Terminen und To-do-Punkten anreichern. Spiele mit unterschiedlichen Formen, Farben und Symbolen, um diese Seite ganz nach deinen Wünschen zu gestalten.

Gewohnheitstracker

Du merkst, dass dir die Monatsübersichten nicht genug Platz bieten oder sie beinahe ungenutzt bleiben? Probiere dich an einer Gestaltung über zwei Seiten oder kombiniere das Layout mit einem anderen Thema wie zum Beispiel einem Gewohnheitstracker (wie ein solcher genau aussieht, beschreibe ich auf Seite 68). Wenn die Seiten selbst dann unangetastet bleiben und du deine Termine lieber in der Jahresübersicht verwaltest: kein Problem! Lerne aus deiner Erfahrung und verzichte im nächsten Monat auf einen separaten Monthly Log.

— *Tipp* —

Eine besonders lohnenswerte Aufgabe für alle Perfektionisten – und generell alle, die gerne weniger Stifte, Büromaterial und Co. mit sich herumschleppen: lockere Linien ohne Hilfsmittel. Eine ruhige Hand zaubert ohne Lineal charmante, unvollkommene Linien.

Die bekommst du nicht nur superschnell hin, deinem Design gibt das außerdem eine besonders individuelle Note. Generell scheint Perfektionismus besonders online beim Thema Journaling stark vertreten zu sein, und das schreckt viele Interessierte ab. Auch ich leide immer wieder darunter und muss mich daran erinnern, dass meine Seiten vor allem meine Produktivität steigern sollen und nicht zwangsweise für ein Instagram- oder ein Blogposting herhalten müssen. Probier es aus und sag Nein zum Lineal: Nach kurzer Zeit kannst du dich bestimmt viel besser mit krummen Linien und kleinen Patzern anfreunden.

KALENDERBOXEN STRUKTURIEREN DEINEN PLANER UND BIETEN GENUG PLATZ FÜR NOTIZEN, TERMINE UND GEBURTSTAGE.

DIE WOCHENÜBERSICHT

Lass uns noch einen Schritt weiter gehen und das Thema Wochenübersichten unter die Lupe nehmen. Diese Seite – oder auch Doppelseite – ist für eine eher kurzfristige Planung geeignet und wird von vielen für die tatsächliche Alltagsplanung genutzt. Ob du alle täglichen Aufgaben auf den Seiten für die Wochenplanung unterbringst, kommt ganz auf dich an.

Folgende Module und Informationen finde ich für eine erfolgreiche Wochenplanung spannend:
- allgemeine Terminübersicht
- Deadlines und Abgabetermine
- To-do-Punkte: tagesaktuell oder wochenübergreifend
- ein Mantra, ein Motto oder ein inspirierendes Zitat für deine Woche
- Wetterprognose
- Essensplanung
- deine persönlichen (kurzfristigen) Ziele
- Notizen, der sogenannte Braindump
- Gewohnheitstracker (für zum Beispiel Schlafzeiten, Sport oder Individuelles)
- Budget- und Finanzplanung

Der Gewohnheitstracker (siehe Seite 68) bleibt unausgefüllt und zieht dich im schlimmsten Fall runter? Lass ihn weg! Du bist ständig falsch angezogen und findest aber diese kleinen Wetter-Doodles nicht schön oder zu aufwendig? Schreibe dir die Temperaturaussichten mit Bleistift neben die Wochentage. Der kleine Kasten zur Finanzplanung quillt förmlich über und sprengt deine liebevoll gestaltete Seite? Dann wird es Zeit für ein Extra-Modul auf einer eigenen Seite, die nur für deine Ausgaben und deine Budgetplanung reserviert ist.

JULI 23-29

MONTAG	DIENSTAG	MITTWOCH	DONNERSTAG	FREITAG	WOCHENENDE	NOTIZEN & CO
o FITNESS 8.30 UHR		x STEUER	o FITNESS 7.30 UHR		x EINKAUFEN	- ESSENSPLANUNG NÄCHSTE WOCHE VORBEREITEN
	o YOGA 18 UHR		o YOGA 18 UHR		o PARTY SA 22UHR	- YOGASTUDIOS RAUS- SUCHEN
H2O	H2O	H2O	H2O	H2O		

DANKBARKEIT
- GUTES, SAISONALES GEMÜSE
- SOMMER :)

ESSEN
x TACO SALAT

x GEFÜLLTE PAPRIKA

x QUINOA PIZZA

x SÜSSKARTOFFEL POMMES

SPORT
MONTAG:
x BEINE
x 30 MINS CARDIO

DIENSTAG:
x YOGASTUNDE

DONNERSTAG:
x ARME
x 20 MINUTEN CARDIO
x YOGA

ZIELE
x 3x WORKOUTS

x KEIN TAKE AWAY ESSEN

ARBEIT
x VORBEREITUNG STEUER

— Tipp —

Auch ich bin jede Woche aufs Neue auf der Suche nach der perfekten Übersicht für meine Woche. Journaling ist definitiv ein Projekt, bei dem man viel ausprobiert und auch öfter mal scheitert. Gerade meine Wochenübersichten gehören bei mir oft zu den Seiten, die unausgefüllt bleiben oder am Ende einfach nur „schön" waren – besonders dann, wenn ich parallel dazu mit separaten Seiten für meine Tagesgestaltung arbeite. Entwickle deine Seiten stetig weiter und lasse deine Erkenntnisse in deine Gestaltung einfließen.

DIE TÄGLICHE PLANUNG

Die sogenannten Daily Logs haben ganz besonders viele Funktionen: Sie können deine ganz persönliche Aufgabenliste sein, dein Stundenplan oder dein Notizblock für Aufschriebe und Co. Solltest du all das jedoch bereits in etwas komprimierter Form in deinen Wochen- oder Monatsübersichten integriert haben, kann es sein, dass eigene Seiten und Layouts für einzelne Tage für dich nicht infrage kommen.

Wenn du dir an dieser Stelle nicht sicher bist: Blättere zurück! Untersuche dein Journal auf Platzprobleme und identifiziere so, ob du ein eigenes Modul für tägliche To-do-Listen brauchst. Wenn du dir immer noch nicht sicher bist, beantworte die folgenden Fragen mit deinem bisherigen Kalender.

Der Daily-Log-Schnellcheck:
- Wünschst du dir mehr Platz in der Wochenübersicht für all deine täglichen Aufgaben?
- Schreibst du kleine oder wiederkehrende Aufgaben manchmal gar nicht mehr auf, weil du weißt, dass sie nur unnötig Platz rauben, würdest das aber gerne tun?
- Würdest du dir gerne mehr Notizen zu verschiedenen Themen oder Aufgaben in deinem Journal machen?

- Hättest du gerne mehr Raum für eine individuelle Gestaltung und Dekoration deiner Seiten?
- Deine Tage haben eine sehr unterschiedliche Struktur und du hast an manchen Tagen erheblich mehr aufzuschreiben und an anderen wiederum viel weniger?

Wenn du mehr als drei dieser Fragen mit „Ja" beantwortet hast, solltest du darüber nachdenken, deine täglichen Aufgaben in separate Tageslayouts umzuziehen. Das heißt übrigens nicht, dass du zwingend jeden Tag eine ganze Seite füllen musst, auch hier ist die Struktur flexibel. Du kannst dir die Gestaltung für ein paar Tage in Ruhe vorbereiten und damit einen Rahmen vorgeben oder ganz einfach mit deinem persönlichen Journal-Schlüssel alles aufschreiben, was dir in den Sinn kommt. Am nächsten Tag fängst du einfach darunter an. Ganz egal, ob du auf einer neuen Seite weiterschreibst oder nicht.

— Tipp —

Die folgenden Elemente sind eine ideale Ergänzung für deine täglichen Aufgaben:
- **Zeitstrahl zur Arbeits- und Terminplanung**
- **Wassertracker für Durstige**
- **Gewohnheitstracker auf Tagesebene**
- **Wettervorhersage**
- **Mondphase**
- **Detaillierte Essensplanung**
- **Anzahl deiner Schritte pro Tag**
- **Lesetracker (wie viele Seiten am Tag)**

Der Zeitstrahl

Du bekommst den Zahnarzttermin, dass du deinen Handyvertrag verlängern musst und das wichtige Meeting so schon kaum unter einen Hut? Mit dieser Gestaltung kommst du nicht mehr durcheinander und kannst Privatleben und Arbeit auf den ersten Blick trennen. Wenn du manchmal Probleme mit der Konzentration oder mit Prokrastination – „Aufschieberitis" – hast, bietet es sich an, die momentan nicht gefragte Seite abzudecken. Aus den Augen, aus dem Sinn!

Diese Technik lässt sich übrigens auch für die Trennung anderer Lebensbereiche anwenden:
- Du bist Mama oder Papa mit Kind und trennst deine persönlichen Aufgaben von den Dingen, an die du für deine Kinder denken musst.
- Du studierst und hast parallel einen Nebenjob.
- Du planst momentan an einem großen Projekt, das neben all deinen anderen Aufgaben viel Zeit und Platz in deinem Journal einnimmt (zum Beispiel Hochzeit, Hausbau, Unternehmensgründung).

Separate Seiten für das Tracking deiner Schlafgewohnheiten und Arbeitszeiten sind dir zu viel? Mit dem Zeitstrahl kannst du das ganz einfach und nebenbei in deiner täglichen Planung festhalten. Dieses Element ist ein tolles Werkzeug, um deine Produktivität zu messen, und ersetzt andere Tracker, die du sonst vielleicht nicht regelmäßig ausfüllen würdest.

— **Tipp** —

Du nutzt dein Journal privat und für deine zahlreichen Aufgaben im Job? Dann ist dieses Layout genau richtig für dich! Durch den zentrierten Zeitstrahl lassen sich zwei unterschiedliche Lebensbereiche räumlich und damit sehr deutlich voneinander trennen.

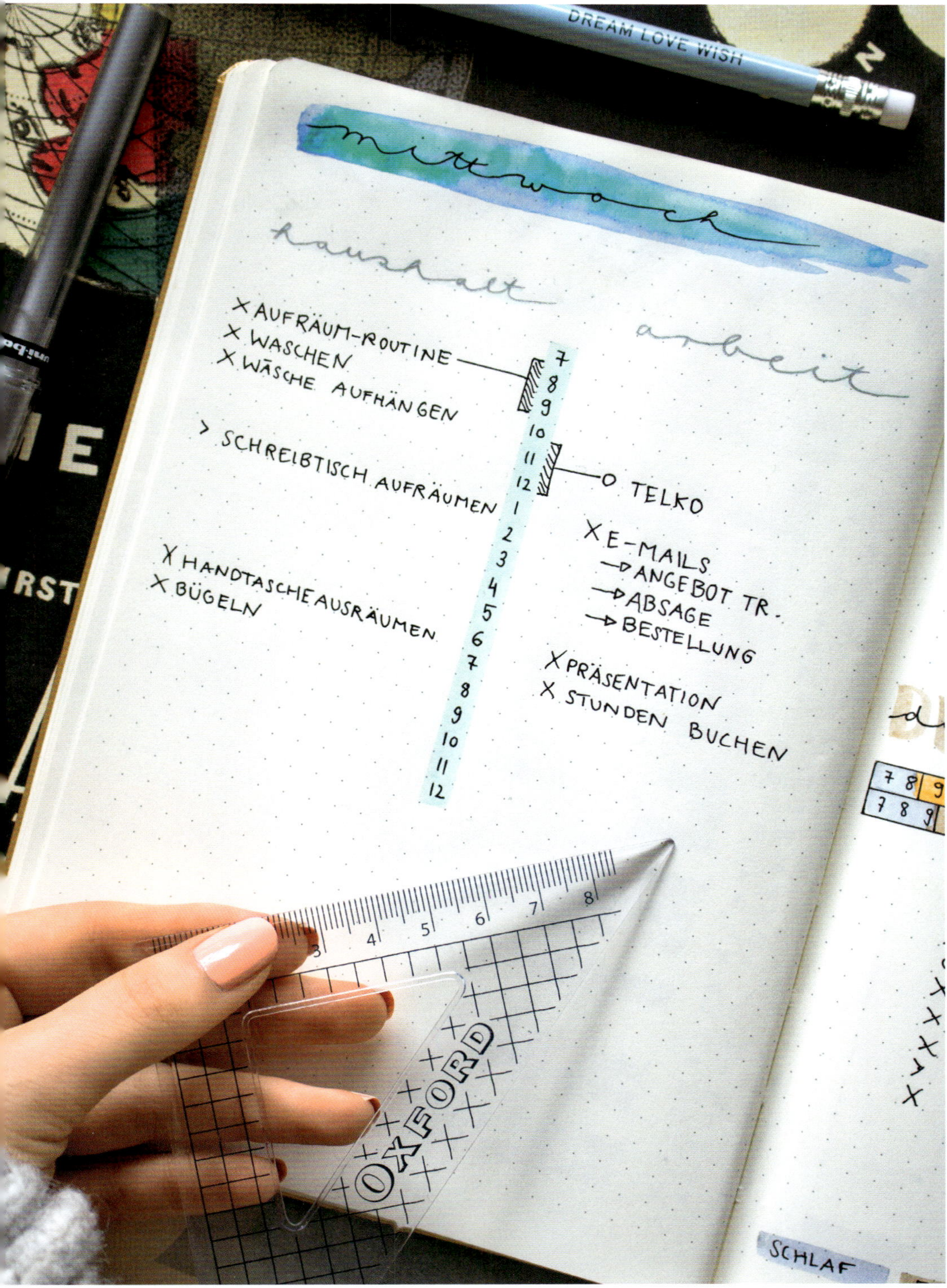

mittwoch

haushalt

- X Aufräum-Routine
- X Waschen
- X Wäsche aufhängen

> Schreibtisch aufräumen

- X Handtasche ausräumen
- X Bügeln

arbeit

- O Telko
- X E-Mails
  → Angebot tr.
  → Absage
  → Bestellung
- X Präsentation
- X Stunden buchen

Den Zeitstrahl nutze ich besonders gerne, wenn ich merke, dass meine Morgenroutine aus dem Tritt gekommen ist oder ich zu lange am Schreibtisch sitze. Zur Planung des nächsten Tages zeichne ich ihn als Erstes. Horizontal oder vertikal spielt hier zunächst keine Rolle. Wichtig ist, dass du diesen Zeitstrahl doppelt einzeichnest. Am besten fängst du mit der Uhrzeit an, zu der du ungefähr aufstehst. Wenn du mit diesem Modul auch deine Schlafenszeit im Überblick behalten willst, sollten alle Stunden von 0 bis 24 Uhr vertreten sein – wenn nicht, reicht auch deine „Wachzeit". Verschaffe dir einen groben Überblick über deinen Tag: Was steht an, wie viele Termine hast du, und wann sind wichtige Aufgaben terminiert?

Mit diesem groben Raster markierst du dir Blöcke für die folgenden Dinge:
- geplante Schlafenszeit
- Morgenroutine
- Freizeit
- Arbeitszeit und Termine außer Haus
- Pausen

In meinem Journal habe ich das mit einer einfachen Farbcodierung gekennzeichnet, die du eventuell aus einem anderen Layout wie deiner Monatsübersicht übernehmen kannst.

Am darauffolgenden Tag arbeitest du deine To-dos ab, erledigst deine Termine und lässt am Tagesende deine Planung Revue passieren: Bin ich wie geplant aufgestanden? Habe ich meine Mittagspause sausen lassen? Habe ich abends lieber Netflix geschaut und meine ideale Zubettgehzeit verpasst? Wenn du dann die zwei Zeilen miteinander vergleichst, siehst du vermutlich auf einen Blick, wie realistisch du planst. Vor allem wenn du dieses Planungsmodell etwas länger verfolgst, werden dir schnell typische Schwächen in deinem Zeitmanagement auffallen. Das hilft dir, realistischer zu planen und echte Probleme zielsicher zu identifizieren und zu verbessern.

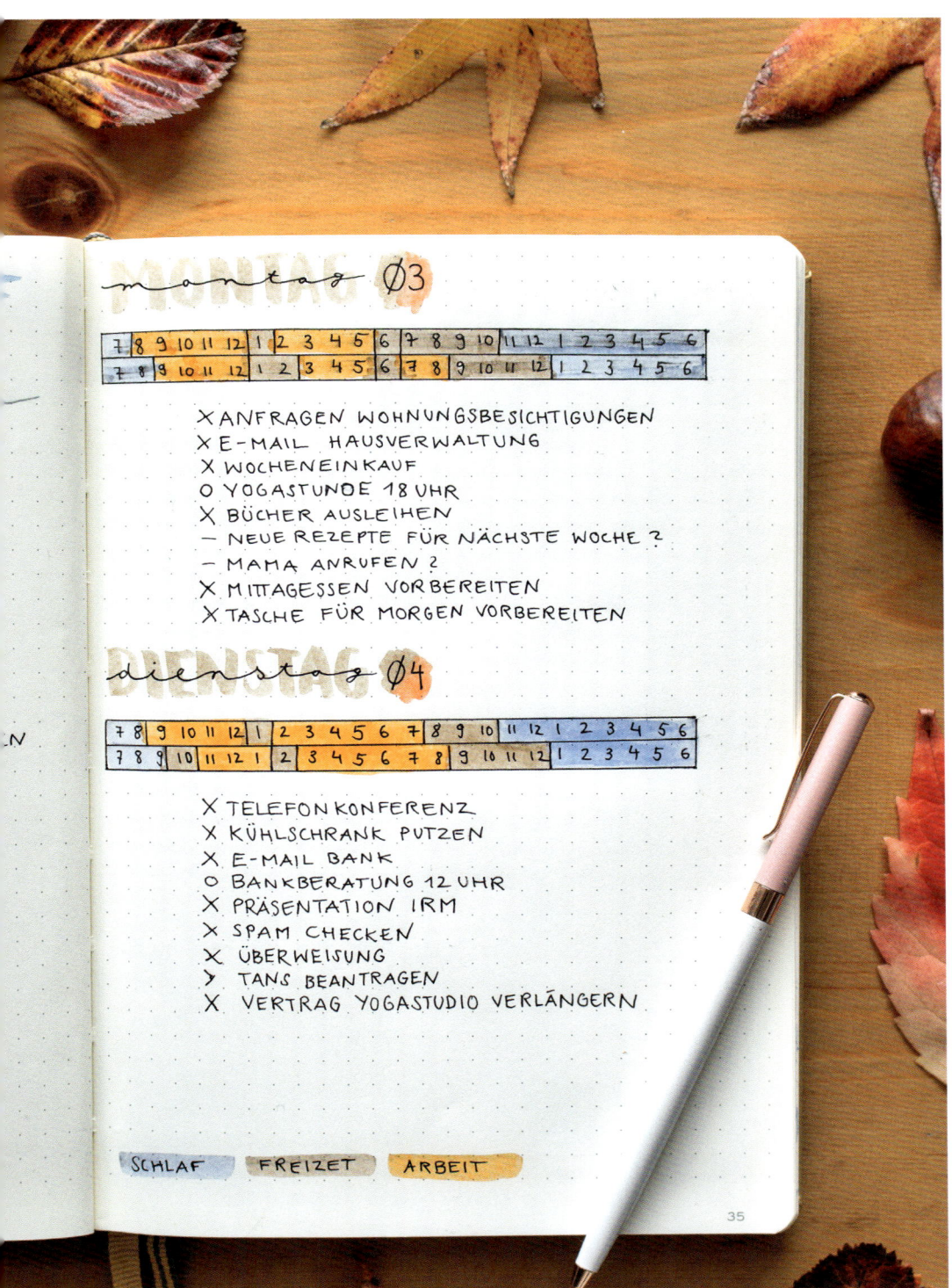

montag 03

- X ANFRAGEN WOHNUNGSBESICHTIGUNGEN
- X E-MAIL HAUSVERWALTUNG
- X WOCHENEINKAUF
- O YOGASTUNDE 18 UHR
- X BÜCHER AUSLEIHEN
- — NEUE REZEPTE FÜR NÄCHSTE WOCHE ?
- — MAMA ANRUFEN ?
- X MITTAGESSEN VORBEREITEN
- X TASCHE FÜR MORGEN VORBEREITEN

dienstag 04

- X TELEFONKONFERENZ
- X KÜHLSCHRANK PUTZEN
- X E-MAIL BANK
- O BANKBERATUNG 12 UHR
- X PRÄSENTATION IRM
- X SPAM CHECKEN
- X ÜBERWEISUNG
- > TANS BEANTRAGEN
- X VERTRAG YOGASTUDIO VERLÄNGERN

SCHLAF   FREIZET   ARBEIT

PRODUKTIV WERDEN UND TRÄUME VERWIRKLICHEN

Das Journal ist das ideale Werkzeug, mit dem du deine Produktivität steigern kannst. Das Rapid Logging sorgt ganz natürlich für einen effizienten Umgang mit Notizen, Terminen und Aufgaben, und du strukturierst deine Aufschriebe, während sie entstehen – und nicht erst hinterher. Dadurch sparst du wertvolle Zeit und kannst diese in die Erledigung deiner Aufgaben investieren. Wenn du trotzdem manchmal noch Probleme mit dem Zeitmanagement oder der Priorisierung wichtiger und weniger wichtiger Aufgaben hast, habe ich ein paar wertvolle Tipps und Übungen für dich.

Doch was meinen wir mit Produktivität eigentlich? Wie bemessen wir diese „Kennzahl", und noch viel wichtiger: Geht das überhaupt? Die Gleichung ist ganz einfach. Durch die Gegenüberstellung von Input und Output erhält man einen Überblick über die Gesamtproduktivität. Besonders im Fokus stehen deine tatsächlich investierte Arbeitszeit und das damit erzielte Ergebnis. Je weniger Arbeitsaufwand auf nennenswerten Output gerechnet wird, desto höher ist deine Produktivität. Schneller heißt jedoch nicht per se besser oder produktiver. Die Qualität und der Umfang deines Outputs sind wichtige Faktoren, die vor allem von außen schwer bewertet werden können. Deswegen solltest du dich auch beim Journaling nicht beirren lassen, wenn andere deinen Aufwand als Spielerei oder Zeitverschwendung abtun.
Du kennst dich am besten und weißt, wie du deine Produktivität steigern kannst. Jetzt ist es an der Zeit, diese Werkzeuge smart einzusetzen.

Deine täglichen Top 3
Ganz egal, ob du deine To-do-Liste am Morgen oder am Abend zuvor schreibst: Gehe all deine Aufgaben am Ende nochmals durch und markiere dir die drei mit der höchsten Priorität für den nächsten Tag. Das kann ein Mix aus besonders wichtigen und dringlichen Aufgaben sein.

Wenn du deine Top 3 identifiziert hast, nummeriere sie. Die Aufgabe, die du auf jeden Fall zuerst erledigen solltest, bekommt die Nummer 1, die Aufgaben, die du auch etwas später erledigen kannst, die Nummern 2 und 3. Gerade bei sehr langen und detaillierten To-do-Listen verlierst du so garantiert nicht den Überblick. Ob du diese Priorisierung in deiner Wochenübersicht oder in einem Daily Log machst, ist dir überlassen.

Wenn du dich nun an die Arbeit machst, solltest du die markierten Aufgaben so schnell wie möglich erledigen und dich erst danach dem Rest deiner Liste oder anderen Tätigkeiten zuwenden. Dein oberstes Ziel sollte sein, deinen Tag nicht abzuschließen, bevor die drei Prioritäten von deiner Liste gestrichen sind. So stellst du sicher, dass wichtige Aufgaben immer zeitnah erledigt werden und nicht von Tag zu Tag und von Liste zu Liste wandern.

— Tipp —

Für deine täglichen Top 3 eignen sich besonders lästige und einmalige Aufgaben, die vielleicht gar nicht groß oder umfangreich sind. Dauerbrenner auf meiner Liste sind private To-dos, die ich sonst einfach immer wieder unter den Tisch fallen lasse. Steuererklärung, kurze Anrufe oder auch Überweisungen ziehen sich sonst wie ein roter Faden durch meinen Planer. Mit ein wenig Konsequenz und dieser Technik verdienen sie sich schnell den einzig richtigen Status: abgehakt!

Der Aufgabenspielplatz: Braindump

Wir alle sind unheimlich beschäftigt und manchmal scheint die Anzahl der Aufgaben und Jobs als Erfolgsindikator wahrgenommen zu werden. Ich selber neige dazu, mir auch die kleinsten Details und Mikroaufgaben aufzuschreiben, und mache meine tägliche To-do-Liste damit unübersichtlich und vor allem eines: einschüchternd. Oft schreibe ich dort Aufgaben auf, die mir während meiner Arbeit in den Sinn kommen, die ich jedoch unmöglich alle am gleichen Tag erledigen kann. Wenn es dir genauso geht, wird es Zeit für ein neues Modul: den Aufgabenspielplatz! Der sogenannte Braindump ist ein Dauerbrenner in der internationalen Journal-Szene und du findest viele Variationen und Vorlagen online. Die Darstellung orientiert sich ganz an deinen Bedürfnissen und vor allem der besonders spontanen Entstehung des Moduls. Geplant ist es nämlich selten!

Du kannst einen Braindump auf deiner Wochen- oder Monatsübersicht einrichten, indem du dort einen Teil frei lässt, der von der (Tages-)Einteilung ausgenommen ist, und in diesen Raum deine „Spielplatzaufgaben" aufschreibst, oder dir sogar eine gesonderte Seite dafür einrichten. Hier sammelst du in Zukunft alle Aufgaben, die dir spontan einfallen und die eventuell noch keine Deadline haben. Wenn du nun eine neue To-do-Liste schreibst oder deine Zielsetzung optimierst, kannst du dir diese Module vornehmen und offene Punkte übernehmen und terminieren. Vergiss nicht, diese dann im Aufgabenspielplatz als erledigt oder übertragen zu markieren.

Die Eisenhower-Matrix: Wichtig oder dringlich?

Deine To-do-Liste überfordert dich und du hast Probleme, Prioritäten festzulegen? Was ist wirklich wichtig? Und was ist mit den kleinen Aufgaben, die nicht wirklich wichtig erscheinen, die aber streng terminiert sind? Chaos! Wir alle kennen diese nervigen Rechnungen, deren Bezahlung man gerne mal vor sich herschiebt – immerhin haben wir Wichtigeres zu tun, als uns jetzt darum zu kümmern. Trotzdem muss all das erledigt werden, im Rahmen einer Frist und idealerweise bevor die erste Mahnung ins Haus flattert.

Wenn sich für dich noch kein natürlicher Fluss ergeben hat, empfehle ich dir die Auseinandersetzung mit der Eisenhower-Matrix. Mit diesem einfachen Modell kannst du Aufgaben kategorisieren, priorisieren oder eventuell sogar streichen. Diese Matrix kannst du beispielhaft in deinem Journal aufzeichnen und dir damit einen wichtigen Reminder anlegen. Zu Beginn kannst du sogar deine tägliche To-do-Liste nach der Eisenhower-Matrix strukturieren. Mit etwas Übung prägst du dir den Prozess ein und kannst schon bald alle deine Aufgaben aus dem Effeff kategorisieren und termingerecht erledigen.

Zeichne dir eine Matrix auf. Die Kriterien „Wichtigkeit" und „Dringlichkeit" dienen als Leitfaden für die spätere Kategorisierung. Diese platzierst du auf der X- und der Y-Achse deiner Matrix.

- Aufgaben exakt terminieren und erledigen
- sofort erledigen (am besten noch heute)
- nicht bearbeiten (archivieren oder verwerfen)
- delegieren, automatisieren oder nach A erledigen

Eisenhower matrix

↑ **WICHTIGKEIT**

AUFGABEN TERMINIEREN UND PERSÖNLICH ERLEDIGEN

ASAP SELBST ERLEDIGEN (INNERHALB 24 STUNDEN)

NICHT BEARBEITEN / ARCHIVIEREN

DELEGIEREN ODER NACH "A" ERLEDIGEN

DRINGLICHKEIT →

Mit diesem Schaubild ergibt sich eine natürliche Priorisierung oder sogar eine Verschlankung deiner To-do-Liste.

Die Schlichtheit dieses Modells ist ein absoluter Erfolgsgarant und die Parallelen zu Ryder Carrolls Gedankeninventar sind kaum übersehbar. Auf den ersten Blick mag es dir schwerfallen, die Begriffe „wichtig" und „dringlich" zu unterscheiden. Am Ende ist dies aber der ausschlaggebende Faktor für den Erfolg dieser Produktivitätstechnik (auch außerhalb deines Planers).

DIE MACHT DER GEWOHNHEIT

Gewohnheiten können gute oder schlechte Eigenarten sein, die sich ganz natürlich in unsere tägliche Routine integrieren oder (negativ konnotiert ausgedrückt) einschleichen. Woran erkennt man eine Gewohnheit? Meistens fällt sie dir gar nicht mehr auf, du musst nämlich gar nicht mehr bewusst daran denken und führst sie komplett unaufgefordert und automatisch aus.

Bei Dingen, die uns guttun und wichtig für uns sind, ist das ein großer Gewinn. Mit gesunden Gewohnheiten tun wir unserem Körper täglich etwas Gutes, ganz ohne Aufwand. Wir funktionieren wie ein gut geölter Motor. Ein Teilchen bedingt das andere, und viel wichtiger: Keines darf fehlen. Andersherum haben wir doppelt so schwer mit den schlechten Gewohnheiten zu kämpfen. Es ist unheimlich schwer, sie sich abzutrainieren oder durch positive Lebensarten zu ersetzen. Gerade weil sie sich manchmal unbemerkt einschleichen, muss man sie zunächst identifizieren und mindestens genauso lange aus der persönlichen Routine treiben, wie man sie nach und nach hineingelassen hat.

Die magischen Zahlen: 21 – 30 – 66

21 Tage. Genau so lange soll es dauern, um neue Verhaltensmuster anzunehmen. Diese Entdeckung hat der Arzt Dr. Maxwell Maltz gemacht, der in seiner chirurgischen Praxis Patienten behandelte und danach beobachtete, wie lange sie tatsächlich brauchten, um starke Veränderungen ihrer Lebenssituation anzunehmen. Daraus schlussfolgerte er, dass Menschen allgemein 21 Tage brauchen, um eine neue Lebensweise zu akzeptieren oder sogar selbst zu implementieren. Die magische Zahl 21 ist jedoch nicht in Stein gemeißelt. Das University College London erforschte die Formierung von

Gewohnheiten und legte sich auf 66 Tage als Stichtag fest. So lange brauchten ihre Probanden durchschnittlich, bis sie eine neue Angewohnheit voll automatisiert ausführten, jedoch wichen die Ergebnisse von Gewohnheit zu Gewohnheit stark ab. Die 30-Tage-Regel ist im Internet ebenso weitverbreitet und liegt zwischen den beiden Hausnummern. Sie basiert wiederum auf der Gehirnforschung und argumentiert ganz wissenschaftlich. Es dauert nämlich etwa 30 Tage, bis unser Gehirn die neue Gewohnheit verinnerlicht und nötige Anlagen für voll automatisierte Prozesse geschaffen hat. Dazu gehören strukturelle Veränderungen im Gehirn, neue Verbindungen von Nervenzellen und vieles mehr. „Täglich Sport machen wollen" oder „mehr lesen" ist so viel komplexer als der Dialog mit dem inneren Schweinehund.

Diese Zeitangaben sind sehr unterschiedlich und eigentlich auch nicht wichtig. Jeder Mensch ist anders, der eine lernt schneller, der andere weniger schnell, und die Komplexität der verschiedenen Gewohnheiten hat großen Einfluss darauf, wie einfach sich diese in unseren Tagesablauf integrieren lassen. Eine vergleichsweise überschaubare Zeitspanne von ungefähr 21 Tagen – oder einem runden Monat – macht Mut und motiviert. Erinnerst du dich an die Vision der „kleinen Projekte" im Rahmen deines Gedankeninventars? Das ist genau der richtige Ansatzpunkt.

Gewohnheiten sind nicht greifbar, manchmal schwer zu visualisieren, und vor allem können wir unsere Fortschritte und Erfolge zunächst kaum sichtbar machen. Verschiedene Persönlichkeitstypen brauchen übrigens unterschiedliche Mittel und Wege, um Gewohnheiten besonders effizient und wirksam zu etablieren. Was hingegen bei fast allen Menschen funktioniert, ist ein Appell an die eigene Verantwortlichkeit. Das kennst du vielleicht, wenn du mit einem Partner jeden Dienstag zum Sport gehst. Oder eine gewisse Regelmäßigkeit in Form eines Stammtischtermins. Kurz gesagt: eine zwischengeschaltete Instanz, die es uns schwerer macht abzusagen, nicht aufzutauchen oder unsere neue Gewohnheit schlicht und einfach zu vergessen. Und dein Journal kann all das für dich sein.

Mit dem Journal hast du ein tolles Werkzeug, um deine persönlichen Gewohnheiten auf Herz und Nieren zu prüfen, ihre Regelmäßigkeit zu messen und schließlich ganz neue Gewohnheiten in dein Leben einziehen zu lassen. Genauso hilft es dir, ungeliebte Eigenschaften und Spleens aus deinem Alltag zu verbannen. Was du dafür brauchst? Ein wenig Willenskraft und natürlich Stift und Papier.

Der Gewohnheitstracker

Ein Gewohnheitstracker (englisch *Habit Tracker*) kann ein Modul in einer Wochen- oder Tagesübersicht sein oder sogar eine ganze eigene Seite füllen, auf der du dich deinen persönlichen Gewohnheiten widmest. Damit kannst du bereits bestehende Routinen, Eigenschaften und Abläufe messen, sie dir komplett abgewöhnen oder neue implementieren.

Dieses Verfahren bietet sich gleichermaßen für Dinge an, die du täglich tun sollst (oder eben lassen sollst) sowie für Dinge, die nur einmal wöchentlich oder in einem anderen Rhythmus durchgeführt werden sollen.

Ich ordne meine Gewohnheiten in einer Tabelle an und markiere mir im zeitlichen Verlauf mit einem Punkt oder einem anderen Symbol, ob ich meiner Angewohnheit nachgegangen bin oder nicht. Für viele Menschen ist es eine große Motivation, eine erfolgreiche Aneinanderreihung von Ereignissen nicht zu unterbrechen. Wenn man zum Beispiel seit fünf Jahren keine Krankmeldung gemacht hat, ist die Hemmschwelle für einen Fehltag plötzlich viel größer. Dieses Prinzip wird hier optisch umgesetzt. Der Erfolg einer Angewohnheit wird plötzlich greifbar! Diese sogenannten Streaks werden auch in der modernen Technologie oft zur Nutzermotivation eingesetzt. Mobile Apps halten damit ihre User bei Laune, und so nutzen zum Beispiel Snapchat und die Meditations-App Calm dieses Tool, um tägliche Log-ins zu generieren.

Was du inhaltlich in deinen Gewohnheitstracker aufnimmst, ist dir überlassen. Traditionell unterscheiden sich Angewohnheiten und Rituale übrigens vor allem durch ihre tiefe Bedeutung. Streng genommen sind Gewohnheiten voll automatisierte Prozesse, Vorgehensweisen oder Dinge, die wir regelmäßig tun. Ein Ritual ist ein solcher Prozess oder eine Verkettung von Angewohnheiten, die zusätzlich mit einer tiefen Bedeutung versehen sind.
So kann für manche Menschen Meditation ein Werkzeug zur besseren Konzentration und Entspannung sein und für wieder andere ein Bestandteil ihrer religiösen Praxis und damit ein Ritual.

Die Stimmungskurve

Gewohnheiten und ein gesunder Lebensstil beeinflussen dein Wohlbefinden und wie du dich fühlst. Deine Stimmung ist keine Gewohnheit, dafür umso wichtiger für ein ausgeglichenes und glückliches Leben. Stress, Angst, Freude: alles alte Bekannte. Manchmal fühlst du dich unwohl, ausgelaugt und weißt gar nicht wirklich, warum. An anderen Tagen bist du ausgeglichen und völlig mit dir im Reinen. Dieses Hochgefühl willst du mit in den nächsten Tag nehmen. Du weißt aber nicht, wie?

Dein Gewohnheitstracker ist ein gutes Werkzeug, um deinen persönlichen Stimmungen auf den Zahn zu fühlen. Was löst eine bestimmte Stimmung aus, was verbessert sie, und was ist deine ganz individuelle Formel für Glück? Um mehr über dich herauszufinden, machst du dich zunächst wieder an eine Analyse. Frage dich: Wie fühle ich mich eigentlich?

Das Stimmungsmodul kombinierst du am besten direkt mit deinem Gewohnheitstracker. So kannst du herausfinden, welche Angewohnheiten dir wortwörtlich auf den Magen schlagen. Ich zeichne dafür am liebsten einen Graph direkt unter mein Tracker-Modul und kann so bei Ausschlägen nach unten oder nach oben den Tag genauer unter die Lupe nehmen. So habe ich meine persönlichen Stolpersteine in wenigen Wochen gefunden und nehme diese Angewohnheiten seitdem ganz besonders ernst. Zu spätes Zubettgehen und das Vernachlässigen meiner Hobbys führt bei mir oft zu negativen Ausschlägen, während regelmäßige Workouts und vegane Ernährung meine Stimmung oft nachhaltig positiv beeinflussen. Wie aus dem Lehrbuch! Quod erat demonstrandum – „was zu beweisen war" oder: Ohne Beweis hätte ich es vermutlich nicht geglaubt!

Schlaf – eine gute Angewohnheit

Dass Schlaf die Basis für einen gesunden Körper ist, haben inzwischen alle verstanden. Es gibt unzählige Technologien, Apps und Ideen, um den eigenen Schlaf zu analysieren und zu verbessern. Ich persönlich bin kein Fan vom Handytracking oder einem Armband, da ich gerne elektronische Geräte aus dem Schlafzimmer verbanne. Denn das ist unter anderem ein wichtiger Erfolgsgarant für effektives Abschalten. Wortwörtlich! Also: Ausschalten und weg damit. Mit ein bisschen Fingerspitzengefühl und deinem Journal kannst du nämlich deinen Schlaf Tag für Tag protokollieren und mit deinen Gewohnheiten sowie deiner Stimmung in Verbindung bringen.

Auch hier ist das Prinzip einfach. Lege dir ein Modul an und nutze dafür am besten eine Doppelseite, auf der all deine Tracker und Gewohnheiten Platz finden. So hast du vor allem zu Beginn eine gute Übersicht und kannst hilfreiche Bezüge schnell herstellen. Ich schaffe extra Platz für wichtige Indikatoren wie zum Beispiel:

- Sport gemacht,
- Stress gehabt,
- spät gegessen und die
- Beurteilung der Schlafqualität.

Außerdem markiere ich mir meine ideale Schlafphase. Damit setze ich ein visuelles Statement und sehe auf den ersten Blick, wenn ich aus meinem Normverhalten ausbreche. Bei schlechter Schlafqualität oder auffälligem Verhalten kannst du nun dein Journal zur Hand nehmen und nach Ursachen forschen. Du lässt Mahlzeiten aus oder arbeitest zu viel? Vielleicht hast du deine tägliche Lesezeit auch neuerdings gegen das Schauen von Filmen auf Netflix eingetauscht? Ganz egal, was es bei dir ist: Geh der Sache mit dem Tracker auf den Grund!

99 Dinge, für die du deine Tracker nutzen kannst

Gewohnheiten sind für mich der Schlüssel zum Glück. Disziplin und Vergnügen liegen bei mir nah beieinander, und die Planung und Dokumentation von Angewohnheiten entzaubern meinen Alltag nicht. Viele ticken anders und ziehen Energie eher aus spontanen Abenteuern und Zufällen, ich hingegen habe die Fäden lieber in der Hand. Beides ist okay! Es gibt keinen einzig richtigen Weg. Ich bin mir jedoch sicher, dass es einfacher ist, eine Sache immer zu tun, als nur manchmal. Du musst dich nicht jedes Mal aufs Neue überreden oder Teilentscheidungen treffen. Du hast einen Plan, und alles läuft voll automatisiert. Besonders einfach wird es, wenn verschiedene Gewohnheiten einander bedingen. Du meditierst zum Beispiel immer direkt nach dem Aufstehen. Als Frühaufsteher mit festen Schlafenszeiten und Morgenroutine kein Problem. So musst du dich nicht fragen, wann der perfekte Zeitpunkt dafür gekommen ist oder wann du es in deinem stressigen Tagesplan unterbringst. Ganz nebenbei ist das auch eine der besten Erfolgstechniken, um eine neue Angewohnheit zu etablieren: Verknüpfe sie mit einer bereits bestehenden.

Du möchtest deine Lebensqualität durch Gewohnheiten verbessern und suchst nun nach Inspiration für deinen Gewohnheitstracker? Kein Problem! Die folgenden 99 Dinge bieten dir bestimmt Abwechslung und bringen frischen Wind in deine tägliche Routine.

Ernährung
1) gefrühstückt
2) Clean Eating
3) vegan
4) vegetarisch
5) selber gekocht
6) vorgekocht
7) Kaffeekonsum
8) fünf Portionen Gemüse pro Tag
9) kein Fast Food oder Take-away
10) Gönn dir was! Dessert …

11) keine Schokolade
12) keinen Alkohol
13) keinen Zucker
14) täglich zwei Liter Wasser trinken
15) grüner Smoothie

Sport
16) Fitnessstudio
17) Yoga-Challenge
18) Stretching
19) Rest Day
20) 5.000 Schritte
21) 10.000 Schritte
22) Laufen gewesen

Gesundheit
23) Pille
24) Supplemente und Vitamine
25) Symptome (zum Beispiel Kopfschmerzen für chronisch Kranke)
26) Periode
27) Sex
28) Ölziehen

Schlaf
29) Handy im Flugmodus nach 23 Uhr
30) aufstehen vor 7 Uhr
31) zu Bett gehen vor 24 Uhr
32) acht Stunden Schlaf
33) nicht gesnoozt
34) Zahnspange getragen
35) geträumt

Beauty
36) Sauna
37) keine Nägel gekaut
38) Zahnseide benutzt
39) Schminke getragen
40) eingecremt

41) Sonnencreme aufgetragen
42) Peeling
43) Haare gewaschen
44) Hautpflegeroutine

Organisation und Ordnung

45) Lernen/Hausaufgaben
46) Bett machen
47) keinen Müll verursacht
48) Müll rausbringen
49) Staub wischen
50) Computer-Back-up
51) Handy-Back-up
52) Inbox Zero: alle Mails beantworten oder löschen
53) Journal ausgefüllt
54) Blumen gegossen
55) Make-up-Pinsel gereinigt
56) Staub gesaugt
57) abgewaschen
58) gelüftet
59) 15 Minuten aufgeräumt
60) eine Sache aussortiert

Soziales

61) auf Social Media gepostet
62) eine liebe Nachricht verschickt
63) gute Laune gehabt
64) eine gute Tat begangen
65) Familienzeit
66) Date Night

Selbstliebe

67) Tagebuch geschrieben
68) Affirmationen
69) Stimmung (Ängste, Panikattacken) festgehalten
70) Dankbarkeitsliste geführt

71) Me-time genossen
72) gebetet
73) Atemübungen gemacht
74) Morgenroutine eingehalten
75) Abendroutine eingehalten
76) draußen gewesen
77) meditiert

Hobbys
78) weitergebildet
79) gemalt
80) ferngesehen und Netflix-Konsum
81) etwas Neues gelernt
82) gelesen
83) Haustiere versorgt
84) mit dem Hund spazieren gegangen

Arbeit und Studium
85) Blogpost geschrieben
86) pünktlich die Arbeitsstätte verlassen
87) Mittagspause gemacht
88) immer pünktlich gewesen
89) Power Hour (eine Stunde konzentriertes Abarbeiten ohne Ablenkung von Telefon oder E-Mails)
90) gelernt (Klausurvorbereitung)
91) Hausaufgaben gemacht

Sonstiges
92) Schwangerschaftssymptome
93) gestillt
94) kein Auto gefahren
95) Zeitung gelesen
96) nicht geraucht
97) Nachrichten geschaut
98) kein Geld ausgegeben
99) Newsletter abbestellt

DIE PRODUKTIVITÄT STEIGERN

Wir leben in einer absoluten Leistungsgesellschaft, und Selbstoptimierung steht bei vielen ganz oben auf der To-do-Liste. Wenn du dir keinen Erfolgscoach leisten kannst und nicht noch einmal auf einen weiteren sogenannten Clickbait-Artikel (hier werden über die Steigerung der Klicks Werbeeinnahmen oder Bekanntheit beispielsweise einer bestimmten Website gesteigert) mit dem Titel „10 Dinge, die erfolgreiche Menschen morgens tun" reinfallen möchtest (weil diese beispielsweise letztlich Werbung für bestimmte Produkte, die du kaufen sollst, sind), kann ich dir nur eines empfehlen: Sei mit dem Journal dein eigener Life Coach. Das Aufschreiben unserer Gefühle, Gedanken und Aufgaben hat so viel positiven Einfluss auf unser Leben – warum also nicht auch auf unsere Arbeit und Leistungsstärke?

„To-do-Listen abzuhaken macht mich glücklich" ist am Ende vielleicht doch mehr als nur ein netter T-Shirt-Spruch. Es kann deine Eintrittskarte in ein organisiertes Leben und zu effizientem Arbeiten sein. Die folgenden Werkzeuge funktionieren für Selbstständige, Arbeitnehmer, Unternehmer, Studenten und Schüler. Außerdem funktionieren sie wunderbar, um das wohl schwierigste Business überhaupt am Laufen zu halten: eine Familie! Sehr viele Mütter und Väter berichten von ihrem Erfolg mit dem Journal und organisieren so nicht nur ihren eigenen Alltag, sondern auch den ihrer Kinder. Ich selbst habe mit dem Journal meine Produktivität immens gesteigert und meinen Alltag als Selbstständige komplett neu organisiert. Und ganz nebenbei habe ich damit auch wieder ein Zeitfenster und Muße für privates Vergnügen geschaffen. Das kam bei mir als Jungunternehmerin nämlich immer zu kurz. Jetzt nicht mehr. Planung sei Dank!

— **Tipp** —

Zur besseren Übersicht kannst du dir Terminblocker für Events oder Aufgabenblöcke eintragen. Deine To-dos kannst du ganz einfach mit einer Linie und dem Blocker verknüpfen.

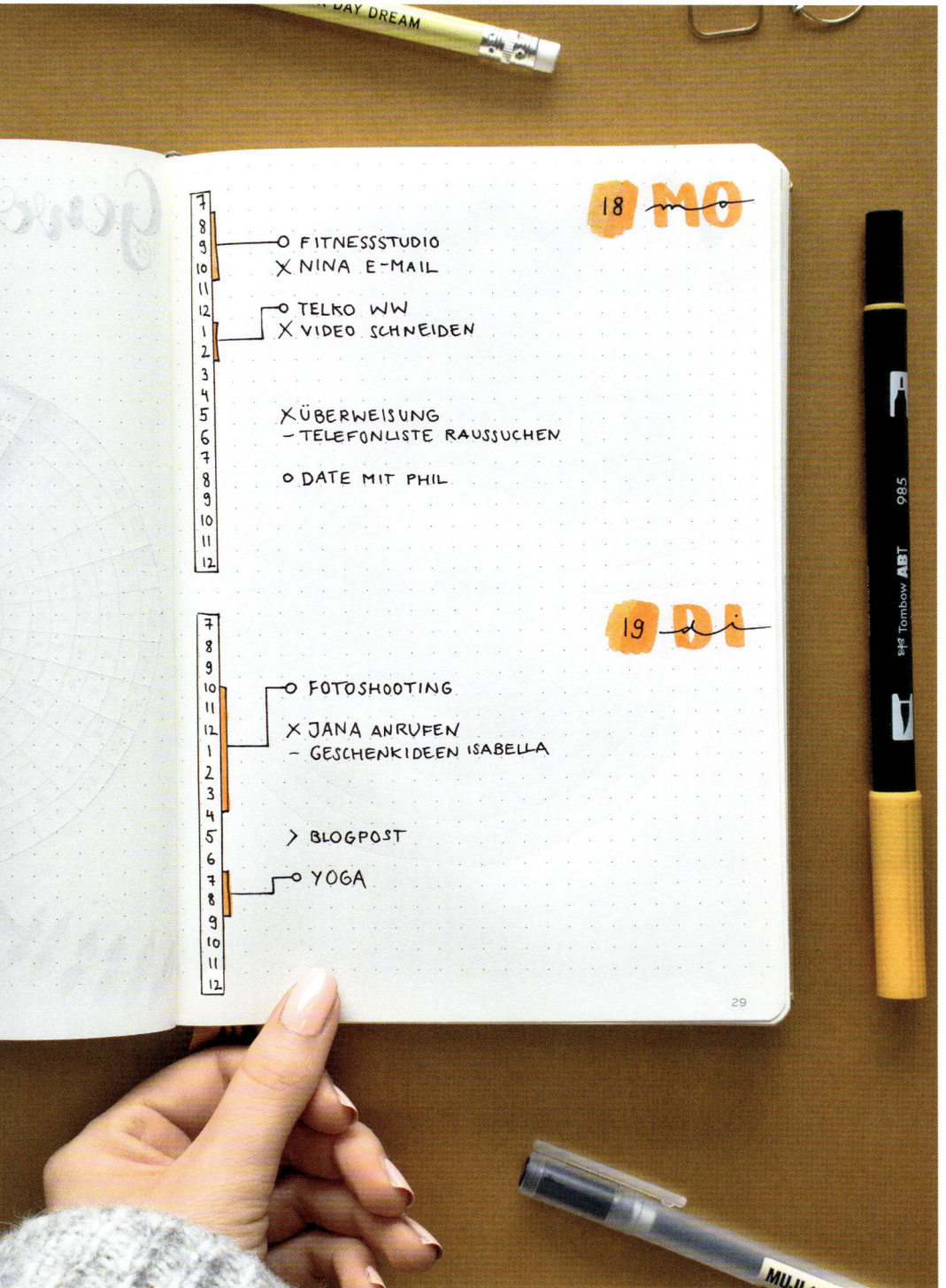

Ganz egal, wo du gerade in deinem Leben stehst: Um Probleme zu lösen, musst du zunächst deine Stärken und Schwächen identifizieren. Vielleicht bist du bereits produktiver, als du denkst? Vielleicht arbeitest du sogar zu viel und machst keine Pausen?

Das erste Modul, das du unbedingt ausprobieren solltest, ist der Zeitstrahl (siehe ab Seite 58). Achte hier besonders auf die folgenden Dinge:

- Stehst du rechtzeitig auf und gehst du früh genug ins Bett?
- Hast du vor deinem Arbeitsbeginn genügend Zeit für dich?
- Wie viele Stunden arbeitest du täglich? Schwanken diese Zahlen stark?
- Machst du regelmäßig Pausen?

Erfolgreiche Menschen arbeiten nicht nur viel oder besonders hart, sie wissen vor allem ganz genau, welche Aufgaben am wichtigsten sind und am meisten Aufmerksamkeit verdienen. Das gilt unabhängig von deiner Position im Unternehmen oder auf welcher Sprosse der Karriereleiter du dich gerade befindest. Je mehr Verantwortung du trägst, desto entscheidender ist deine persönliche Effizienz für den Unternehmenserfolg.

Gerade wenn du das Gefühl hast, dich zu verfranzen und ständig einen Schritt hinterher zu sein, lohnt es sich, dass du Arbeitszeiten protokollierst und genau untersuchst. Wenn du deine Arbeit verschiedenen Projekten zuordnen kannst, zeichne diese genau auf. Halte außerdem fest, wie lange du für allgemeine Organisation, Planung und Zeitfresser wie das Lesen, Sortieren und Beantworten von E-Mails, für Telefonate und Meetings benötigst. Wie du das aufschreibst und festhältst, ist dir überlassen. Ich bevorzuge eine sehr visuelle Darstellung, bei der mir förmlich ins Gesicht springt, welche Aufgaben ganz oben auf meiner Liste stehen.

Produktivität

	ADMIN	BLOG	YOUTUBE	EVENTS
D 1	1,5	3	4	
F 2	1,5	3	3	3
S 3	2			
S 4	1			
M 5	2	3	2	1,5
D 6		4	5	
M 7		4	3	2,5
D 8	1,5	4	2	
F 9	3	3	4	2
S 10		4		
S 11	2,5			
M 12	1	5	1,5	
D 13	3	2,5	3	
M 14		5,5	3	
D 15	2	3	2,5	1,5
F 16	1	4	4	1,5
S 17	3			
S 18				
M 19	1,5	5	3,5	
D 20		4	1	2,5	3
M 21	1	4,5	3	
D 22				
F 23	3	2	2,5	2,5
S 24				
S 25				
M 26	2	4	3	
D 27	3	1,5	4	1,5
M 28				
D 29	1,5	6		1,5
F 30	3	4	5	

ZIELE SETZEN UND ERREICHEN

„Die meisten Menschen scheitern im Leben nicht, weil sie zu hoch zielen und verfehlen, sondern weil sie zu niedrig zielen und treffen." Les Brown

Du kennst bestimmt dieses magische Gefühl eines neuen Jahres. Träume, Ziele, Ideen und die Energie und die Lust, all das in die Tat umzusetzen. Das Gefühl, unbeschriebene, glatte Seiten aufzublättern, den Stift anzusetzen und draufloszuplanen, hat für mich etwas ganz Besonderes. Vielleicht verbindest du gar nicht so viel mit diesem Datum, dem 1. Januar, und das ist völlig in Ordnung. Vielleicht bist du auch gerade erst an einer langen Liste Neujahrsvorsätze gescheitert. Das Jahr hat 365 Tage und jeder davon könnte der optimale Zeitpunkt für einen Neustart sein.

Dein Journal richtet sich nach keiner Kalenderrechnung, sondern nur nach dir. Für mich bringt das ein großes Stück Neujahrsmotivation in jeden kleinen Montag und in jede neue Woche. Wie du dieses Gefühl konservieren kannst und zu einer treibenden Kraft in deinem Alltag machst, zeige ich dir in wenigen Schritten. Alle Techniken lassen sich zu jedem beliebigen Zeitpunkt im Jahr starten. Natürlich kannst du auch ganz klassisch am 1. Januar damit beginnen oder zum Beispiel an deinem Geburtstag.

Regelmäßig Sport machen, gesund essen, die Eltern öfter anrufen – generische Vorsätze sind regelrecht zum Scheitern verurteilt. Oft fehlen der persönliche Bezug und eine konkrete Handlungsaufforderung. Und nicht zu vergessen: die passende Deadline. Ziele funktionieren wie Magneten. Doch wir müssen erst einmal herausfinden, was wir genau anziehen wollen.

Ich unterscheide zwischen prozessorientierten Zielen und ergebnisorientierten Zielen. Wenn du dich bei deiner Zielsetzung auf die Prozesse und den eigentlichen Weg fokussierst, wird es dir viel leichter fallen, am Ball zu bleiben und dein Ziel zu erreichen. Dadurch legst du nämlich bereits bei der Planung deiner Ziele die richtigen Bausteine für erste Schritte fest und lässt keine Fragen offen. Rein ergebnisorientierte Ziele sind oft zu abstrakt oder schlichtweg unrealistisch. Wir erinnern uns an den ominösen „Sommerbody"! Wie sieht der denn eigentlich aus, und hat den nicht sowieso jeder (also im Sommer)?

Unsere Gesellschaft drängt uns standardisierte Normen und damit verbundene Zielvorstellungen geradezu auf. Ein perfekter Körper, erfolgreich im Job und eine glückliche Beziehung. Doch wie nah ist dieses Bilderbuchszenario an deiner ganz persönlichen Wunschvorstellung? Weißt du überhaupt, was du wirklich willst? Manche Ziele können wir nämlich kaum erreichen, weil es nicht unsere eigenen sind. Mit deinem Journal kannst du dir wichtige Sinnfragen stellen und diese schließlich immer dabeihaben. Inspiration für unterwegs, immer maximal ein paar Seiten entfernt.

„Dein Wort" – dein Wegweiser

Ein neues Jahr – ein neues Du! Ich beginne meinen Zielfindungsprozess gerne mit einem kleinen Brainstorming und einer kreativen Mindmap: mein Wort des Jahres. Diese Technik ist sehr inspirierend und ein ideales Eröffnungsstatement für deinen eigenen Planer.

Mithilfe der „Dein Wort"-Technik gibst du deinem kommenden Lebensabschnitt ein Motto. Manchmal genügt es uns, etwas Interpretationsspielraum zu lassen und uns ohne konkrete Ziele in eine bestimmte Richtung zu bewegen. Dieses Wort darf ein wichtiges Mantra für dich werden und wie ein Dach über deinen täglichen Handlungen stehen. Vielleicht hilft es dir auch, spezifische Ziele abzuleiten, die dir wirklich am Herzen liegen. Ein einziges Wort kann sehr viel aussagen und gerät zugleich nicht so schnell in Vergessenheit. Es ist abstrakter als ein ergebnisorientiertes Ziel und kann dich trotzdem Tag für Tag in konkreten Situationen leiten.

Für den ersten Schritt brauchst du eine leere Seite in deinem Journal, ein paar Stifte, einen ruhigen Ort und ein wenig Zeit.

Natürlich kannst du dein Brainstorming auch auf einem Schmierpapier beginnen, doch jede Assoziation ist wichtig und könnte dich auf die richtige Spur führen. Also: nur Mut! Es gibt kein Richtig oder Falsch. Horche zunächst ganz tief in dich hinein und stelle dir folgende Fragen:

- Mit welchen Adjektiven würdest du deine Persönlichkeit beschreiben?
- Welche Eigenschaften verknüpfst du mit den schönsten Erlebnissen in deinem Leben?

- Was ist für dich eigentlich Glück?
- Welche Eigenschaften schätzt du an anderen ganz besonders?
- Mit welchem Wort würdest du dein letztes Jahr beschreiben?

Schreibe alle Wörter nieder, mit denen du ein positives Gefühl verbindest. Es geht hier darum, ein Wort zu finden, das vor allem für dein zukünftiges Ich stehen kann. Ich variiere gerne die Größe der verschiedenen Assoziationen analog dazu, wie positiv mein erstes Gefühl dem Begriff gegenüber ist. Das macht mir das Aussortieren später einfacher. Spiele mit Farben, Verzierungen und lass dir vor allem eines: Zeit!

Wenn ich „mein Wort" auserkoren habe, umrande ich es oder hebe es mit einem Umriss hervor. Dieses Wort kann ein Mantra und als regelrechte Lebenseinstellung sinnweisend für all deine Handlungen und Entscheidungen sein. Vielleicht ist es für dich auch einfach nur eine wichtige Erinnerung, die dein wahres Ich ins rechte Licht rücken soll.

Lass uns eines meiner Lieblingswörter unter die Lupe nehmen. „Frei(heit)". Das war nämlich mein Wort für das Jahr 2017, und es hat mich jeden Tag inspiriert und mir damit die eine oder andere Entscheidung erleichtert.

Für mich bedeutet das,
- dass ich auch mal Nein sagen darf.
- dass ich mich öfter für mich und nicht für die Bedürfnisse anderer entscheide.
- dass ich meinen Tag als Freelancer unkonventionell gestalten darf und keinen „Nine-to-five"-Zeitplan imitieren muss.
- dass auch mein Umfeld atmen will und ich so meine Wohnung nach und nach von überflüssigem Nippes befreit habe.
- dass es okay ist, sich von alten Freundschaften zu lösen, wenn sie einem nicht mehr guttun.

mein Wort

Mut einzigartig stark zufrieden

familie wir Glück

Freiheit

zeitlos laut Nein

EINFACH

ruhig Ich

LIEBE leichtigkeit

Abenteuer

Der Zielspielplatz

Generische Ziele, diktiert von unserer leistungsorientierten Gesellschaft, bringen meistens eines: Frustration. Die wenigsten von uns schaffen eine 180-Grad-Wende über Nacht und werden gleichzeitig zum Morgenmenschen, Nichtraucher und Fitnessmodel. Als ersten Schritt musst du rausfinden, was du wirklich willst. Und gerade für alle Perfektionisten ist es besonders schwer, das Journal auch mal ganz bewusst als leere Leinwand, Schmierpapier und Spielplatz zu betrachten. Einfach drauflozuschreiben. Sich den Kopf nicht zu sehr zu zerbrechen und die Worte und Gedanken auf das Papier fließen zu lassen.

Die Seite „Zielspielplatz" lege ich so früh wie möglich an und lege ein Lesezeichen oder eines der Buchbändchen hinein. Diese Sammlung funktioniert wie der Aufgabenspielplatz, widmet sich allerdings unseren möglichen Zielen, und ich starte ihn meist planmäßig, wenn ich mein Journal ganz zu Beginn aufsetze. So habe ich ihn von Anfang an immer griffbereit und kann auch unterwegs alles eintragen, was mir in den Sinn kommt.

Diese Seite hat keinen Anspruch auf Vollständigkeit und Richtigkeit. Vielleicht schafft es nachher nur ein Drittel davon in deine persönliche Zielvereinbarung, vielleicht manifestiert sich sogar später etwas davon, was du nie für möglich gehalten hättest. Denke groß, denke klein, schaue über deinen Tellerrand hinaus. Was wäre unglaublich toll, und was hältst du für unmöglich? Schreib es einfach mal auf. Was kannst du morgen schaffen und was erst in zehn Jahren? Zeit spielt in diesem Modul keine Rolle. Und vergiss nicht: Diese Seite braucht keinen Filter!

Wenn du deine Sammlung beendet hast, lies dir alles gründlich durch. Nimm dir einen farbigen Stift deiner Wahl und bewerte jede Idee auf einer Skala von 0 bis 100. Eine 100 verdient jede Idee, die du deiner Meinung nach realistisch in einer von dir gewählten Zeitspanne umsetzen kannst. Eine niedrige Bewertung schreibst du neben die Einfälle, die für dich momentan noch schwer zu realisieren sind. Sei ehrlich mit dir und zugleich nicht zu hart! Schaue dir abschließend dein Brainstorming und deine Bewertungen an. Die gute Nachricht: Du musst nichts davon streichen! Wenn du einen deiner Träume mit weniger als 50 Punkten bewertet hast: Du kannst ihn trotzdem wahr machen und in deine Quartalsziele übernehmen, wenn du das wirklich willst. Du musst nur besonders hart daran arbeiten, und es wird dir vermutlich etwas schwerer fallen, als die Einfälle und die Ideen zu realisieren, die du bereits mit einer glatten 100 honoriert hast. Diese sollten dir besonders leicht von der Hand gehen, und du solltest die Gelegenheit am Schopfe packen. Übertrage sie in deine persönliche Zielvereinbarung und mache sie zu einem Teil von dir.

Die „Level 10 Life"-Strategie
Die „Level 10 Life"-Strategie ist in der Journaling-Community sehr beliebt und verbreitet sich online wie ein Lauffeuer. Die bildhafte Bewertung verschiedener Lebensbereiche mit maximal 10 Punkten erinnert an die Lebensanzeige in einem Videospiel, bei dem wir uns erst einige Level steigern müssen, bevor wir unser maximales Potenzial erreichen.

> — **Tipp** —
>
> **Über die „Level 10 Life"-Strategie gestolpert bin ich das erste Mal in dem Buch *Miracle Morning* von Hal Elrod. Die kreisrunde Darstellung, das sogenannte Lebensrad, ist inzwischen zu einem beliebten Coaching-Werkzeug geworden. Dieses Konzept wurde erstmals von Paul J. Meyer vorgestellt, dem Gründer des Success Motivation Institute.**

Du kannst das Lebensrad zur Optimierung verschiedener Lebensbereiche und zur konkreten Zielsetzung nutzen. Durch die deutliche Visualisierung deines Status quo und der stetigen Verbesserung ist es sehr motivierend und bietet einen guten Gesamtüberblick für alle, die bisher nicht viel mit persönlichen Zielen anfangen konnten.

Als Erstes musst du dir verschiedene Lebensbereiche aussuchen, die du mit dieser Technik vorantreiben willst. Wenn du dir bereits ein Wort des Jahres überlegt hast und deinen Zielspielplatz ausgefüllt hast: umso besser! Das gibt dir einen guten Überblick über Prioritäten und Träume, Schwächen und Stärken.

Folgende Bereiche finde ich besonders geeignet:
- Gesundheit
- Familie
- Freundschaften
- Arbeit
- Persönlichkeitsentwicklung
- Beziehung
- Spirituelles
- Finanzen
- Freizeit
- Sport

Ob du für deine Darstellung einen Kreis oder ein Quadrat wählst, ist dir überlassen. Du kannst so viele Lebensbereiche auswählen, wie du möchtest, und in dein Muster eintragen. Durch die Linien vom Mittelpunkt nach außen sollte sich eine Skala von 1 bis 10 ergeben. Bewerte nun jeden der Lebensbereiche nach deiner persönlichen Zufriedenheit. Markiere dir die Bewertungen in deinem Schaubild. Daraus sollte sich nun ganz natürlich eine geometrische Form ergeben. Betrachte deine Auswertung, und frage dich Folgendes:

- Wie fühlst du dich mit dem Ergebnis?
- Warum hast du dir in manchen Bereichen eine sehr niedrige Punktzahl gegeben – warum in anderen eine besonders hohe?
- In welchen Bereichen möchtest du dich unbedingt verbessern?
- Mit welchen drei Schritten kannst du das schaffen?

Nutze nun die nächste Seite, um deine Lebensbereiche und jeweils drei kleine Schritte niederzuschreiben, die dich näher an eine höhere Punktzahl bringen.

— Tipp —

Trage dir einen Ziel-Check in deine Jahresübersicht ein. Ich gleiche meinen „Level 10 Life"-Status alle drei Monate ab und zeichne meine neuen Fortschritte mit einer neuen Farbe ein. Die geometrische Form verändert sich, wird runder oder größer. Außerdem behältst du so deine konkreten Ziele im Auge und wirst an die kleinen Handlungsanweisungen erinnert, die du dir bereits überlegt hattest. Wenn du schon alles erreicht hast, wird es Zeit, einen neuen Lebensbereich anzugehen.

Quartalsziele

Schritt für Schritt ist immer leichter als von null auf hundert. Wenn ich für ein neues Jahr plane, teile ich all meine Ziele gerne in Quartale auf. So kann ich äußere Umstände miteinbeziehen. Umzüge, Urlaubssaison oder Großereignisse, zum Beispiel eine Hochzeit oder ein runder Geburtstag, der ein großes Loch in meinen Terminkalender reißt. Auch hier gilt: je spezifischer, desto besser. Identifiziere wichtige Etappenziele und trage diese in das jeweilige Quartal ein. Jedes große Ziel sollte in so viele Unterziele wie möglich heruntergebrochen werden. Wenn du dir anfangs unsicher bist, kannst du Ziele in zukünftigen Quartalen mit Bleistift eintragen oder sogar mit einem Post-it einkleben, um sie jederzeit anpassen und umsortieren zu können. Absehbare Aufgaben und Ziele solltest du auch mit deiner Jahresübersicht synchronisieren und dir Erinnerungen für einen Ziel-Check und kommende Deadlines einplanen.

Ich übernehme besonders gerne Einzelziele aus meinem Zielspielplatz und nehme mir pro Quartal ein bis zwei Lebensbereiche aus meinem „Level 10 Life"-Schaubild vor. Meistens klappt es nicht, sich auf alles gleichzeitig zu konzentrieren, so widme ich manche Monate gezielt einzelnen Veränderungen in bestimmten Lebensbereichen. Im Frühling und im Sommer habe ich besonders viel Spaß an Aktivitäten, Sport sowie Reisen, im Herbst und Winter kümmere ich mich mehr um meine Familie und um Fortbildungen.

DANKBARKEITSLISTEN

Wenn du ganz spontan deinen Tag, deine Woche oder dein letztes Jahr beschreibst: Was kommt dir als Erstes in den Sinn? All die Dinge, Menschen und Kleinigkeiten, die dich geärgert haben? Oder besinnst du dich auf die schönen und positiven Ereignisse?

Dankbarkeit formt unsere Persönlichkeit und kann zu einer wahren Lebenseinstellung werden, die positive Auswirkungen auf unseren Alltag hat. Meckern, Nörgeln und Lästern fühlt sich für viele inzwischen jedoch so natürlich an, dass sie gar nicht mehr merken, wie viel Lebensenergie es frisst. Mit einigen wenigen Kniffen kannst du deine Einstellung zum Positiven ändern und dein Journal den kleinen, schönen Dingen widmen.

Damit sorgst du für Resilienz, machst dich stark. Eine Dankbarkeitsliste ist genauso wichtig wie eine persönliche Zielvereinbarung. Sie verrät uns vermutlich sogar noch ein bisschen mehr über uns selbst: Was macht dich wirklich glücklich? Wovon brauchst du mehr im Leben?

Als ich das erste Mal eine solche Liste anfing, fiel es mir unheimlich schwer. Für was bin ich eigentlich dankbar im Leben? Wie klein oder wie groß müssen diese Dinge sein? Mir hat es vor allem zu Beginn sehr geholfen, die Schönheit der besonders kleinen Gesten zu würdigen. Dinge, die man schnell überhört oder im Alltag übersieht. Die Nachbarin, die mein Paket angenommen hat, das zufällige Treffen mit einem alten Freund oder die Tatsache, dass die Milch noch genau für einen Kaffee gereicht hat.

Vertrau mir: Dankbarkeit macht glücklich. Wie wäre es mit einem Selbstversuch? Fang am besten gleich heute damit an! Deine Dankbarkeitsliste kann eine Zeile pro Tag in Anspruch nehmen oder sogar kreativ mit vielen kleinen Zeichnungen umgesetzt werden.

DANKBARKEITSLISTE APRIL

1. S — SILVIAS APRILSCHERZ!
2. M — EIN ENTSPANNTER MORGEN MIT PHIL
3. D — JIMMY :)
4. M — FACETIME & IMESSAGE - MACHT ES SO EINFACH
5. D — MATCHA MIT MANDELMILCH
6. F — MEINE MORGENROUTINE
7. S — GUTE BÜCHER
8. S — LANGE SPAZIERGÄNGE BEI TOLLEM WETTER
9. M — YOUTUBE TUTORIALS
10. D — ANALOGE FOTOS - TOLLE ERINNERUNGEN
11. M — KOSTENLOSE PODCASTS
12. D — BULLET JOURNALING :)
13. F — DIE ERSTEN KNOSPEN IM FRÜHLING
14. S — SONNE! ☀
15. S — LECKERES, SELBER GEKOCHTES ESSEN
16. M — YOGA ABENDS ZUM RELAXEN
17. D — KUSCHELPULLIS
18. M — LANGE KAFFEE DATES MIT ISABELLA
19. D — MEIN NEUES HANDY
20. F — FREITAG NATÜRLICH - ENDLICH ENTSPANNEN
21. S — FRISCHE BRÖTCHEN VOM BÄCKER UM DIE ECKE
22. S — MEIN LIEBLINGSLIPPENBALSAM
23. M — EINE GROSSE TASSE KAFFEE
24. D — SCHÖNE ZIMMERPFLANZEN IN UNSERER WOHNUNG
25. M — VEGANE SCHOKOLADE
26. D — OFFLINE MODUS BEI SPOTIFY
27. F — DUFTKERZEN UND EIN HEISSES BAD
28. S — FRISCHE BETTWÄSCHE UND PYJAMAS
29. S — MEINE GLITZERSOCKEN
30. M — SCHNITTBLUMEN

> **— Tipp —**
>
> Wenn die Gewohnheit der Dankbarkeitsliste noch neu für dich ist, würde ich dir ein einfaches Layout oder sogar eine Integration in deine Wochenübersicht empfehlen. Mache es dir so einfach wie möglich, damit du auch wirklich dranbleibst und dir jeden Tag zwei Minuten Zeit für dein Dankbarkeitstagebuch nehmen kannst.

PLANUNGSROUTINE

Die folgende Seite ist Teil meines persönlichen Journals und gibt mir die wichtigsten Meilensteine meiner individuellen Planungsroutine vor. Du kannst diese als Vorlage übernehmen oder analog zum Start deines Journals ein eigenes System austüfteln. Mithilfe dieser Übersicht plane ich die verschiedenen Aufgaben in meine Routine ein. So geraten Ziel-Checks nie wieder in Vergessenheit. In unserer schnelllebigen Welt muss man sich Zeit zum Reflektieren nehmen. Wie oft habe ich in der Vergangenheit alte Tagebuchaufschriebe gefunden und mich im September das erste Mal wieder kurzfristig mit ausformulierten Neujahrsvorsätzen auseinandergesetzt, die ich nach zwei Wochen komplett vergessen hatte! Das regelmäßige Durchlesen und Überarbeiten deiner eigenen Pläne hält dich auf der richtigen Spur und deine Ziele aktuell.

Meine Planungsroutine

Jährlich:
- Journal aufsetzen
- mein Wort des Jahres
- Brainstorming und Ziele
- „Level 10 Life"

Quartalsweise:
- Ziele und Handlungen
- Ziel-Check „Level 10 Life"

Monatlich:
- Handlungen aus den Zielen ableiten
- Monatsübersicht aufsetzen
- projektbezogene Seiten und Challenges
- Wiederholung und Anpassung meiner Ziele

Wöchentlich:
- Wochenübersicht aufsetzen (sonntags)
- Aufgaben migrieren, verschieben, streichen

Täglich:
- Tracker und Schlafenszeiten ausfüllen
- Aufgaben und To-do-Listen aktualisieren
- Top-3-Prioritäten festlegen

Frage dich regelmäßig:
- Was funktioniert für mich?
- Welche Seiten fülle ich meistens gar nicht aus?
- Was kann ich verbessern und was verbessert mich?

FINANZEN IM JOURNAL ORGANISIEREN

Ganz oben auf der Vorsatzliste: Sparen! Vielleicht spielt das Thema Sparen auch in deinem Leben eine größere Rolle und hat damit einen Platz in deinem Gewohnheitstracker verdient. Vielleicht brauchst du aber auch mehr Platz für einen ausführlichen Masterplan. Das Thema Finanzen ist nicht nur für Berufsanfänger interessant. Egal, auf welcher Stufe deiner persönlichen Entwicklung du dich befindest: Deine Beziehung zu Geld und Ersparnissen ist dir auf den Fersen, und zu tun gibt es eigentlich immer etwas. Mit deinem Journal kannst du finanzielle Ziele festhalten, dein Sparverhalten managen oder sogar jede einzelne Ausgabe kategorisieren und auswerten. Es gibt unglaublich viele Ideen für deinen Planer, die deine Beziehung zu Geld positiv beeinflussen können.

Die wenigsten von uns werden mit einer positiven Beziehung zum Thema Geld geboren und erzogen. Eine ausgeglichene Zufriedenheit, Dankbarkeit und schlichtweg „keine Angst" sind meistens nicht Teil unserer Gedanken, wenn wir an unsere Finanzen denken. Ganz egal, wie wir finanziell dastehen: Über Geld redet man nicht. Deswegen erscheint es vielen als ein Mysterium, etwas, das man nicht mit anderen teilt, und schließlich auch als ein großes Fragezeichen für uns selbst. Das kann ich vermutlich nicht so einfach ändern, aber wenn wir schon nicht darüber reden, dann können wir dazu wenigstens etwas aufschreiben!

Ohne deine ganz persönliche Geschichte in diesem Bereich zu kennen, kann ich dir eines versichern: Wenn du dich mit deinen Finanzen auseinandersetzt, wirst du ganz schnell das Steuer übernehmen und kommst deinen Zielen näher. Unser Unterbewusstsein ist das Kontrollzentrum vieler Handlungen und Gefühle. Genau deshalb fällt es uns oft schwer, Erfolge zu erzielen: wenn – und weil – wir uns innerlich sträuben. Du wirst keinen Enthusiasmus für etwas entwickeln können, vor dem du Angst hast.

Die folgenden Schritte helfen dir, wenn du das Thema Finanzen in dein Journal und schließlich in deinen Alltag integrieren willst:

Analyse: Was gebe ich aus und wofür? Wie viel verdiene ich?
Ziele: Wie viel Geld möchte ich verdienen? Habe ich Sparziele?
Visualisierung: Wofür spare ich und was möchte ich mit meinen Ersparnissen anstellen?
Maßnahmen: Welche kleinen Schritte und Aufgaben kann ich auf Monats- und Wochenebene einführen, um meine Ziele zu erreichen?
Neubewertung: Der Zyklus beginnt von Neuem mit der Analyse. Die erfolgreiche Implementierung neuer Verhaltensmuster und Mindsets ist nur durch eine stetige Analyse und das Festsetzen neuer Ziele wirklich erfolgreich. Welche neuen Ziele kannst du dir setzen?

Bist du bereit, deine Finanzen unter die Lupe zu nehmen? Dann starten wir mit der Analyse!

Ausgaben

Der sogenannte Spending Log ist ein absolutes Basismodul und viele Journal-Fans setzen dieses gleich mit jeder Monatsübersicht auf. Hier hast du genügend Raum, um all deine Ausgaben festzuhalten und zu kategorisieren.

Ausgaben

DATUM	KATEGORIE	KOSTEN	NÖTIG?
01 / 03	LEBENSMITTEL	20,13 €	JA
02 / 03	LEBENSMITTEL	5,40 €	NEIN
03 / 03	SCHUHE	89,90 €	NEIN
07 / 03	LEBENSMITTEL	27,85 €	JA
08 / 03	MEDIKAMENTE	9,88 €	JA
10 / 03	TANKEN	53,70 €	JA
12 / 03	RESTAURANT	29,30 €	NEIN
15 / 03	LEBENSMITTEL	20,15 €	JA

Ich habe einige Anläufe in meinem Journal gebraucht, da ich oft vergessen habe, Kleinigkeiten einzutragen. Hier kommt es jedoch auf Genauigkeit an. Jeder Kaffee zählt! Wenn du also viel unterwegs ausgibst, solltest du deinen Planer am besten immer dabeihaben und jede Ausgabe zeitnah eintragen.

> **— Tipp —**
>
> **Sammle alle Belege in der Tasche deines Notizbuches. Viele Notizbücher haben bereits ein integriertes Geheimfach. Falls dein Planer keines hat, verrate ich dir auf Seite 114, wie du dein ganz persönliches Geheimversteck für Belege und Co. ganz einfach selber basteln kannst.**

Aus deinem Ausgabenverhalten werden sich die ersten Ziele ableiten lassen. Gibst du generell zu viel Geld aus? Oder eventuell eher für die falschen Dinge? Häufen sich bei dir viele unnötige Ausgaben, und für die wirklich wichtigen Dinge bleibt nicht genug Geld übrig?

Nicht jeder muss per se einfach sparen oder weniger Geld ausgeben, aber manchmal können kleinere Budgetverlagerungen bereits viel bewegen! Vielleicht ist dein Geld an anderer Stelle einfach besser angelegt, und du kannst damit immens zu deiner Lebensqualität und allgemeinen Zufriedenheit beitragen.

Sparziele

Wenn die intrinsische Motivation nicht ausreicht, kannst du es mit dem Belohnungsprinzip versuchen. Vielleicht sparst du auf ein bestimmtes Ziel wie einen Urlaub oder ein neues Auto? Ganz egal, was es ist, durch die Visualisierung und die ständige Auseinandersetzung mit deinem Ziel erleichterst du dir den Prozess. Um einen besonders ausgeklügelten Plan zu haben, kannst du die genauen Sparziele für jeden Monat oder jede Woche ganz exakt festlegen. Auch hier funktioniert das Prinzip der Gamifizierung und aus Etappen werden Levels, die es zu knacken gilt.

NO SPEND – DAS AUFSCHREIBEN HILFT DIR, AUSGABEN ZU REDUZIEREN.

Die Einkommensübersicht

Die Einkommensübersicht ist vor allem für Selbstständige oder Leute mit flexiblem Einkommen interessant. Wähle, was für dich funktioniert: eine minimalistische Tabelle mit akkuraten Beträgen oder eine Visualisierung in Form eines Balkendiagramms. Hier kannst du dir dein finanzielles Ziel farblich markieren oder deinen verschiedenen Aufgabenbereichen Farben zuordnen.

Mir hilft diese Übersicht sehr, wichtige Geschäftsfelder zu identifizieren. Am Ende eines Monats gleiche ich mein Einkommen und die passenden Projekte und Arbeitsbereiche mit meinen Zeiten im Produktivitätslog ab. Wenn mir hier nun auffällt, dass ich 90 Prozent meiner Zeit in eine Aufgabe investiere, die kaum Erträge bringt, ist es Zeit, etwas zu ändern. Eventuell kannst du mit kleinen, wenigen Justierungen deine Zeit besser nutzen und dein Unternehmen damit viel profitabler machen.

— Tipp —

Für die meisten von uns wird ein Ziel zumindest phasenweise immer wieder aktuell: Ausgaben reduzieren. Absolutismus bringt uns hier zwar langfristig nicht weiter, aber je nach Persönlichkeitstyp ist eine Fastenzeit oft sehr wirkungsvoll. Das gilt auch für unnötige Ausgaben! Dein Journal ist ein geduldiger Rechenschaftspartner, und mit einem einfachen Modul (siehe Seite 102) kannst du dich bestimmt ganz einfach motivieren, das Portemonnaie ein paar Tage in der Tasche zu lassen. Auch hier motivierst du dich wieder nach dem „Streak-Prinzip". Nutze das Momentum, deinen Lauf und halte durch.

> ## — Tipp —
>
> **Als Schüler und Student kannst du die Übersicht von Seite 104 und den Bezug zum Produktivitätslog ganz einfach anpassen. Gleiche am Ende eines Schuljahres oder nach einer Examensphase deinen Notenspiegel mit deinem Produktivitätslog ab. Daraus kannst du wichtige Erkenntnisse ableiten – zum Beispiel, in welche Fächer du mehr Zeit investieren solltest. Und vielleicht entdeckst du sogar eine verborgene Begabung, etwas, das dir ganz einfach von der Hand geht.**

KOLLEKTIONEN UND NOTIZSAMMLUNGEN

Was unterscheidet ein Journal von einem leeren Blankobuch? Die enthaltene Struktur! Individuell angelegt, und doch zielgerichtet. Jede Information hat ihren festen Platz, und nichts wirkt zufällig oder unüberlegt. Doch was macht man mit spontanen Einfällen und Gedanken? Auch diese gilt es zu strukturieren und zu klassifizieren, und dann finden sie spielend schnell einen Platz in deinem Planer.

Wenn ich einen spontanen Gedankenblitz habe, frage ich mich als Erstes: Habe ich für diese Information eventuell schon einen Platz?

Zum Beispiel:
- Ideen für Ziele finden Platz in einer entsprechenden Mindmap oder auf dem Zielspielplatz, der auch während des Jahres wild ergänzt werden kann.
- Wünsche finden Platz auf eventuell bereits bestehenden Wunschlisten (zum Beispiel Bücher, die du lesen willst).
- Ist der Gedanke, den du aufschreiben willst, eine kurze Notiz? Dann ab damit in deine Wochen- oder Tagesübersicht.

TED TALK
- ES IST SCHWER GUTE ENTSCHEIDUNGEN ZU TREFFEN
- ORDNE DEINE GEDANKEN
- BLEIBE FOKUSSIERT
- ABLENKUNG → INTENTION (ZIEL)
- BESCHÄFTIGT ≠ PRODUKTIV
- ENTSCHEIDUNGSMÜDIGKEIT
- VERÄUSSERE DEINE GEDANKEN UND RÄUME INNERLICH AUF (ÄHNLICH WIE EINE AUSMISTAKTION)

GEDANKENINVENTAR
- WARUM TUE ICH ALL DIESE DINGE?
- SIND SIE WICHTIG FÜR MICH?
  1. IST ES (LEBENS)NOTWENDIG? (Z.B. MIETE)
  2. WIE WICHTIG / WIE DRINGLICH IST ES?

ZIELE SIND DER SCHLÜSSEL ZUM ERFOLG?
- KREATIVITÄT UND NEUGIER SIND WICHTIGE TREIBER

KLEINE PROJEKTE
1. KEINE BARRIEREN
2. KLAR DEFINIERTE AUFGABEN
3. ZEITSPANNE = WENIGER ALS EIN MONAT

ZEIT IST KEINE ERNEUERBARE RESSOURCE.

Reflektieren: RÄUME DEINE GEDANKEN AUF UND ERSTELLE EIN INVENTAR. WERDE UNWICHTIGES LOS.

Ideen: FOKUSSIERE DICH AUF DEINE INTERESSEN UND ERSTELLE KLEINE, MACHBARE PROJEKTE

Engagement: ETABLIERE TÄGLICHE GEWOHNHEITEN UND ERNEUERE DEIN GEDANKENINVENTAR.

"Busy life, intentional life!"

INSPIRATION

- KREATIVITÄT
- ÜBERLEGUNGEN
- AUSPROBIEREN

Ideen

INNOVATION

- ÜBER DEN TELLERRAND BLICKEN
- NEUE LÖSUNGEN
- ERFOLG

INFORMATION

- NEUIGKEITEN
- LERNEN

Vergiss nicht, deinen Gedankenblitz mit dem richtigen Symbol kenntlich zu machen. Wenn du den klassischen Journal-Schlüssel benutzt, ist das ein Stich (–) für Notizen.

Wenn du allerdings mehrere Gedanken aufschreiben und strukturieren musst und diese deine Tagesübersicht sprengen würden, ist es Zeit für eine neue „Kollektion". So bezeichnet man Sammlungen, sie sich einem Thema widmen und sonst nicht in den zeitlichen oder logischen Verlauf deines Journal-Systems aus Monats-, Wochen- und Tagesübersichten eingeordnet werden können. Ein weiteres Merkmal für eine Kollektion ist die Tatsache, dass Kollektionen nur einmal oder besonders unregelmäßig auftauchen oder anfallen. Ich nutze diese Form der Aufbereitung besonders gerne, wenn ich mir Notizen zu einem Vortrag mache. Für dich könnte das im Rahmen einer Vorlesung, eines Webinars oder der Klausurenvorbereitung besonders interessant sein. Da es hier meistens um pure Informationen und einen gewissen Lerneffekt geht, bietet sich eine übersichtliche und reduzierte Darstellung an.

Lass uns hier den Gedanken von Ryder Carroll nochmals aufnehmen: Dein Journal beherbergt dein Gedankeninventar – das wohl wichtigste Tool für einen produktiven und organisierten Alltag. Gedanken kommen und gehen und folgen keinem Konzept. Ihnen ist es ziemlich egal, ob sie gerade in dein penibel gepflegtes System passen oder ob sie dein filigran gezeichnetes Design sprengen. Was raus muss, muss raus.

Die Form folgt der Funktion. Dieser alte Designleitsatz ist eine meiner wichtigsten Erkenntnisse beim Erstellen von spontanen Kollektionen. Die Gestaltung deines Layouts sollte sich also aus dem eigentlichen Zweck ableiten. Was möchtest du damit sagen? Welche Informationen müssen auf den ersten Blick sichtbar sein?

Folgende Gestaltungsansätze nutze ich für verschiedene Themen:
- Fließtext/Auflistung von Informationen und Notizen
- Flowchart für Prozesse
- Mindmaps für Brainstorming und Inspirationen
- Tabellen

Damit sich spontane Aufschriebe und Notizsammlungen organisch in mein Journal einfügen, nutze ich gerne meine einfachen Lieblingsüberschriften und gestalte damit die Seite in nur wenigen Minuten passend zum Rest meines Planers. Wenn mein Aufschrieb ansprechend gestaltet und die Notizen sauber und lesbar sind, schaue ich mir meine Kollektion später viel lieber noch einmal an. Das ist vor allem fürs Lernen und Wiederholen sehr hilfreich.

— **Tipp** —

Kennst du Sketchnotes? Diese visuellen Notizen stehen kurz für „Visual Note Taking" und sind eine besonders visuelle Umsetzung der herkömmlichen Notizsammlung. Ganz egal ob als Mindmap oder Kollektion! Ich selber wende diese Technik gerne an, da ich mir Bilder meist besser einprägen kann als Text. Das kennst du vielleicht.

Alles, was du aufschreibst, zeichnest du in sehr abstrahierter und einfacher Form (siehe Seite 111). Es gibt keine lineare Struktur, keine aufgelisteten Informationen. Vielmehr strukturiert sich deine Notizsammlung nach der visuellen Aufbereitung, wobei hier kein Maßstab an die Qualität der Zeichnungen gelegt wird. Probier es mal aus!

Mindmaps

Wenn dir visuelle Elemente helfen, Informationen zu verarbeiten und zu verstehen, sind Mindmaps das Richtige für dich. Ich nutze diese Darstellung gerne für offene Gedankensammlungen und weniger für Mitschriebe. Damit komme ich auf die besten Ideen und kann Projekte vor allem im Anfangsstadium voranbringen. Eine Mindmap muss nicht sauber und durchdacht sein, sie entsteht vielmehr im Prozess. Mit diesen einfachen Schritten kannst du zu jedem beliebigen Thema eine Mindmap zaubern:

Step 1: Lege dich auf ein zentrales Thema fest. Welcher Begriff steht dafür? Wähle einen offenen Begriff, der nicht zu spezifisch ist und der wie ein stabiles Dach über deinem Brainstorming stehen kann. In die Tiefe gehen wir später! Diesen Begriff platzierst du jetzt in der Mitte deines Papiers.

Step 2: Welche Begriffe fallen dir zu deinem Überthema ein? Sammle so viele Schlüsselbegriffe, wie du magst, und notiere sie auf dem Papier. Verbinde sie mit dem Begriff in der Mitte. Falls du dir bei einigen Verbindungen nicht sicher bist kannst du für diesen Schritt zunächst auch einen radierbaren Stift verwenden.

Step 3: Ausgehend von den Schlüsselwörtern und Abzweigungen deiner Mindmap kannst du nun Cluster bilden. Welche Wörter, Eigenschaften oder Orte fallen dir zu den bereits notierten Schlagworten ein? Ordne diese und schreibe sie untereinander auf.

SENSIBLE DATEN IM JOURNAL

Persönliche Dinge verliert man nicht gerne. Ganz egal, ob es sich um dein Smartphone oder um dein Tagebuch handelt. Beide haben etwas gemeinsam: Sie enthalten eine Vielzahl sensibler, persönlicher Daten, die nicht unbedingt in die Hände Fremder gelangen sollten. Es gibt einige Vorsichtsmaßnahmen, die du treffen solltest, um für den Ernstfall vorzusorgen. Dazu gehört eine prominente Platzierung deines Namens, deiner Telefonnummer oder E-Mail-Adresse sowie einer persönlichen Botschaft für den hoffentlich ehrlichen Finder deines Journals. Eine kleine Nachricht erhöht die Wahrscheinlichkeit, dass sich jemand bei dir meldet, ungemein. Tatsächlich lohnt es sich auch nach wie vor, eine Belohnung für den Finder anzukündigen. Du kennst ja das Problem mit der intrinsischen Motivation!

Wenn du darüber hinaus deine vertraulichen Daten besonders schützen willst, bieten sich folgende Kniffe an:

Belohnung

Einige Hersteller drucken es an prominenter Stelle direkt in deinen Planer: „Bei Verlust bitte zurückgeben an ..." Direkt darunter finden wir oft einen Platzhalter für den Finderlohn. Ein monetärer Gegenwert ist definitiv ein

guter Anreiz und erhöht die Rücklaufquote. Wenn das für dich nicht infrage kommt, kannst du es aber auch mit einer Prise Humor versuchen. So erhaschst du die Aufmerksamkeit des Finders und hältst dein geliebtes Journal hoffentlich bald wieder in den Händen.

Abkürzungen

Wir alle haben wiederkehrende Aufgaben, Schlüsselpersonen oder Themen, die fast täglich in unseren Aufschrieben vorkommen. Für diese kannst du dir zweckdienliche Kürzel überlegen. Ganz nebenbei steigerst du damit auch deine Produktivität, denn deine Aufschriebe erledigen sich um einiges schneller, und du weißt auf den ersten Blick, wer oder was gemeint ist, wenn die Anzahl der Abkürzungen überschaubar bleibt.

Gut versteckt – die geheime Tasche

Wenn du einige Notizen vor den Augen Fremder schützen möchtest, vor allem wenn du dein Journal in der Schule, bei der Arbeit und in der Uni öfter offen liegen lässt, bietet sich eine geheime Tasche an, in der du die Notizen auf gesonderten Zetteln verstauen kannst. Viele Modelle haben bereits eine Tasche, die sich sehr gut für Visitenkarten oder Rechnungen eignet. Sollte dir das zu offensichtlich sein, kannst du mit wenigen Streifen Washi-Tape eine geheime Tasche zaubern, die garantiert ungesehen bleibt und die außerdem sehr praktisch ist.

Step 1: Du brauchst zwei beidseitig unbeschriftete Seiten in deinem Planer. Am besten platzierst du diese im hinteren Drittel, damit sie nicht so schnell ins Auge springen. Presse die Seiten aufeinander und fixiere sie mit zwei Büroklammern.

Step 2: Ummantele die obere und die untere Kante der Doppelseite mit Washi-Tape. Platziere das Tape so, dass es beide Seiten gut zusammenhält. Die überstehenden Reste kannst du mit einer Schere oder mit einem Cuttermesser sauber abschneiden.

Step 3: In der entstandenen Tasche kannst du nun einen zugeschnittenen Zettel oder eine Karte mit Passwörtern, Telefonnummern oder anderen wichtigen Informationen verstecken.

Einfach verschlüsselt – Kryptografie

Du bist mit deinem Planer viel unterwegs und möchtest trotzdem sensible Daten eintragen? Die kleine Passwortübersicht ist einfach zu praktisch, um sie wegzulassen, und im Handy ist sie auch nicht sicherer? Dann probiere es mit einer einfachen Verschlüsselung. Diese würde ich jedoch nicht auf jeden Journal-Eintrag anwenden. Auch wenn du den Schlüssel kennst oder sogar selbst festgelegt hast, dauert es bei Ungeübten unter Umständen sehr lange, die Einträge zu übersetzen oder zu lesen.

Die wohl älteste kryptografische Methode ist die Caesar-Verschlüsselung. Das Beste: Jede Variante ist individuell, und so ist sie auf den ersten Blick auch nicht erkennbar oder lesbar. Auch nicht für Leser dieses Buches. Deinen ganz persönlichen Schlüssel kannst du in nur wenigen Minuten zusammenstellen.

Step 1: Schreibe das Alphabet auf ein Blatt Papier. Das sollte natürlich außerhalb deines Planers stattfinden, damit niemand deine Aufschriebe entschlüsseln kann.

Step 2: Verschiebe das Alphabet um einige Zeichen nach rechts. Wie viele genau, ist komplett dir überlassen! Im folgenden Beispiel habe ich das Alphabet um drei Zeichen verschoben. Die herausgefallenen Zeichen werden vorne an die freien Stellen eingefügt.

ABCDEFGHIJKLMNOPQRSTUVWXYZ

XYZABCDEFGHIJKLMNOPQRSTUVW

Step 3: Um ein Wort zu verschlüsseln, wird jeder einzelne Buchstabe im oberen Alphabet gesucht und durch den darunterstehenden Buchstaben aus dem unteren Alphabet ersetzt. Aus einem „M" wird ein „J". Aus dem Wort „Maus" wird „JXRP".

Step 4: Zum Entschlüsseln gehst du genau umgekehrt vor. Du schreibst die Alphabete erneut übereinander und verschiebst die vorderen Buchstaben ans Ende.

ABCDEFGHI**J**KLMNO**P**Q**R**STUVW**X**YZ
↓ ↓ ↓
DEFGHIJKL**M**NOPQR**S**TUVWXYZ**A**BC

Step 5: Dann zerlegst du die Wörter deines Eintrags in die einzelnen Buchstaben und schlägst sie in deiner persönlichen Kryptografieübersicht nach. Wenn du deinen Schlüssel längere Zeit anwendest, brauchst du diese vielleicht auch gar nicht mehr.

Wenn du deinen Schlüssel nur für handschriftliche Notizen anwendest, lohnt sich eine digitale Kopie des Schlüssels auf deinem Mobiltelefon oder auf deiner Festplatte. Wichtig ist, dass du deinen Schlüssel nie auf dem gleichen Gerät oder im gleichen Planer aufbewahrst, in dem er auch tatsächlich angewendet wird.

UMZUG IN EIN NEUES JOURNAL

Was tun, wenn dein Planer voll ist und das Jahr noch nicht zu Ende? Richtig! Dann wird es Zeit für einen Umzug in ein neues Journal.

Die Flexibilität des Journalings lässt dich nicht nur an einem beliebigen Tag im Jahr starten, sondern erlaubt es dir auch, das Planen und Schreiben zwischenzeitlich zu unterbrechen – meistens ist dein Buch auch an einem weiteren komplett beliebigen Tag im Jahr voll. Manch einer braucht zwei Jahre, um ein Journal zu füllen, andere schlagen bereits im Mai oder Juni die letzte Seite auf. Was passiert nun mit dem sogenannten Future Log, mit deiner Jahresübersicht? Geduldige übertragen die bereits ausgefüllte Kalenderübersucht in ein neues Journal. Ob du hier die bereits vergangenen Monate mitnimmst oder einen Neustart hinlegst, ist dir überlassen. Ich finde es hilfreich, die wichtigsten Termine und Daten zu übertragen, auch wenn sie eventuell schon in der Vergangenheit liegen. Das bietet sich besonders für Vergessliche an – mich eingeschlossen. Gerade Geburtstage und Jahrestage verschwinden so nicht in der Versenkung.

Du möchtest dein Journal schlank halten? Beschränke dich aufs Wesentliche und archiviere dein altes Büchlein mit einem passenden Sticker und akkurater Beschriftung. Wenn ich zu Jahresbeginn eine neue Übersicht erstelle – ganz egal ob im neuen oder alten Journal –, nehme ich mir die Bücher der letzten Jahre zur Hand und gehe meine Jahresübersichten durch, um die wichtigsten Ereignisse zu übertragen, für die ich vielleicht noch keine automatisierte Nachricht auf dem Smartphone bekomme. Analog und doppelt hält (für mich zumindest) einfach besser!

Ich empfinde das Abpausen von einem alten Design als meditativ und mache das gerne. Wenn das gar nicht dein Ding ist, habe ich noch zwei weitere Alternativen für dich.

Die hinteren Seiten meines Journals sind perforiert und damit heraustrennbar. Sollte dein Notizbuch nicht über eine perforierte Trennlinie verfügen, kannst du diese auch vorsichtig mit einem Cuttermesser oder einer präzisen Schere abtrennen. Nutze diese Seiten für deine Jahresübersicht, und damit beschränkt sich das mühevolle Layouten und Ausfüllen auf einmal im Jahr. Die Seiten kannst du in beliebig viele neue Bücher überführen und mit Washi-Tape oder einer dekorativen Büroklammer befestigen.

Die Gestaltung

deines Journals

FINDE DEINE HANDSCHRIFT

Das Journaling ist ein Trend, der vor allem auf Social Media gerne geteilt wird. Die dort vorgestellten Planer sind meistens besonders kunstvoll verziert und wahre Hingucker. Die verschiedenen Stilrichtungen kennst du bereits (siehe Seite 31–35), an dieser Stelle möchte ich jedoch in die Tiefe gehen. Es gibt so viele unterschiedliche Möglichkeiten, ein Journal zu individualisieren, und du musst dafür definitiv kein Künstler sein. Es gibt supereinfache Schriften, Schmuckelemente und Techniken, die deine Einträge zu etwas ganz Besonderem machen. Dazu gehört natürlich vor allem die Handschrift.

90 Prozent deines Journals bestehen vermutlich aus Fließtext und Notizen. Der Schlüssel zu einem schönen Planer ist deshalb nicht unbedingt dein kreativer Kopf oder dein Zeichentalent, sondern deine Handschrift. Auf Pinterest und Instagram sieht man die schönsten Layouts, kunstvoll beschriftete Seiten mit akkurater Handschrift. Wie gedruckt! Auch in meinem Postfach landen viele Anfragen und Komplimente, die sich um meine persönliche Handschrift drehen.

Oft werde ich gefragt, wie man diese verbessern oder verschönern kann. Generell ist hier ein Disclaimer nötig: Deine Handschrift ist schön – so, wie sie ist. Sie begleitet dich vermutlich schon eine ganze Weile und ist absolut einzigartig. Niemand schreibt so (schön) wie du! Die kleinen Ausreißer, das krumme K oder das schwungvolle S sind dein Markenzeichen. Mach etwas draus!

Trotzdem kann ich den Wunsch nach einem einheitlichen Schriftbild nachvollziehen. Auch ich habe, bevor ich mit dem Journaling begonnen habe, meine Handschrift ein wenig aufpoliert. Schon in der Schule haben wir alle Schönschrift geübt und zeitgleich in Druckbuchstaben oder einer anderen „Schnellschrift" Notizen gemacht. Ob das Journaling für dich ein Schönschriftthema oder vielmehr eines ist, das schnell mit Worten gefüllt werden muss, entscheidest du allein.

Es ist übrigens auch ganz einfach möglich, deine alltägliche Handschrift mit ein wenig Übung dauerhaft zu verschönern. Hier erfährst du, wie das geht:

Nimm ein Blatt Papier und schreibe mit genügend Platz alle Buchstaben des Alphabets in Großbuchstaben auf (siehe Seite 121). Denke nicht viel darüber nach und bringe die Buchstaben zu Papier, wie sie dir ganz natürlich von der Hand laufen. Nimm ein neues Papier und verfahre genauso mit allen Buchstaben von a bis z, dieses Mal in Kleinschreibung.

Nimm deine Übersicht zur Hand und schaue dir alle Buchstaben einzeln an. Welche Buchstaben gefallen dir besonders gut und warum? Welche Elemente findest du besonders schön? Wenn du deine Lieblinge gefunden hast, wende dich den Buchstaben zu, die dir momentan nicht gefallen. Woran liegt das? Eventuell stellst du hier auch Gegensätze fest: Dir gefallen besonders geschwungene, runde Zeichen, und die etwas härteren, strichartigeren Buchstaben sagen dir nicht zu? Denke darüber nach, wie du deine liebsten Elemente in die übrigen Buchstaben einbringen könntest. Deine Übersicht bietet genug Platz für einen Testlauf! Erfinde deine Buchstaben neu und probiere dich aus! Was funktioniert für dich, was passt zu deinem sonstigen Schriftbild, und was geht dir gut und natürlich von der Hand?

So verfährst du mit allen Buchstaben, die dir nicht gefallen haben. Danach sollte dein Schriftbild einheitlicher sein. Nachdem du die Buchstaben einzeln und trocken geübt hast, solltest du sie in einfache Wörter und Sätze integrieren. Mit ein wenig Übung sollten sie bald ihre Vorgänger ersetzen.

Auf die gleiche Art und Weise kannst du sogar verschiedene Schriftarten ausprobieren. Wenn es dir um das gesamtheitliche Erscheinungsbild geht, kannst du einen mindestens zweizeiligen Satz wählen und die Zeilen in verschiedenen Fonts untereinanderschreiben. Hier merkst du auch, welche Schriftart dir schnell von der Hand geht und welche sich für ein schnelles Journaling im Alltag eignet. Eine absolute Schönschrift, die mehr gemalt als geschrieben ist, halten da nämlich die wenigsten durch.

Mit diesem Prozess habe ich meine alltägliche Schreibschrift auf eine sehr einheitliche Druckschrift in Kapitälchen geändert. Sie geht mir schnell von der Hand, und ich mag sie in meinem Journal sehr gerne. Tagebuch schreiben könnte ich in diesem Schriftbild aber zum Beispiel überhaupt nicht. Da würde ich eine fließende Schreibschrift bevorzugen.

ÜBERSCHRIFTEN

Wenn du bereits alle organisatorischen Kniffe und die Systematik des Journals gemeistert hast, wird es Zeit für schöne Überschriften und Dekorelemente. Der letzte Schliff! Mit wenigen Strichen und Schattierungen kannst du eigene Fonts kreieren und Rahmen gestalten – ohne viel Übung oder Zeichentalent.

— *Tipp* —

Wenn mein Planer ansprechend gestaltet ist, macht mir die tägliche Arbeit mehr Spaß, und ich benutze ihn häufiger. Das gleicht das kleine bisschen Mehrarbeit im Nu aus. Wenn du keine Zeit für aufwendige Dekorationen hast, lerne deine Lieblingsschrift und mach sie zu deiner Signatur. Wenige schöne Überschriften schmücken nackte, lange Listen und bringen definitiv etwas Abwechslung in deinen Arbeitsalltag.

Multischrift

Für die folgende Schrift brauchst du zwei Stifte: Einen Filzstift mit einer etwas breiteren und abgeschrägten Spitze sowie einen Fineliner oder dünnen Gelstift. Du kannst beliebige Farben miteinander kombinieren. Besonders schön wirkt diese Schrift, wenn du kontrastierende Farben wählst oder eine sehr dunkle Farbe oder metallische Nuance dazunimmst.

Step 1: Schreibe dein Wort in Großbuchstaben mit einem dicken Filzstift deiner Wahl vor. Die Buchstaben sollten sehr schmal sein. Die Strichstärke sollte jedoch kräftig sein. Wenn du für einen weiteren Strich neu ansetzen musst wie zum Beispiel beim mittleren Querstrich des Buchstaben E, platzierst du diesen entweder im unteren oder im oberen Drittel des Buchstabens. Probiere aus, was dir am besten gefällt! Das gibt dem Schriftbild einen ganz besonderen Look, der sich sehr von einer natürlichen Handschrift abhebt.

Step 2: Setze den Fineliner mittig an und schreibe das gleiche Wort in einem geschwungenen Stil mit niedriger Kegelhöhe. Das heißt, die Buchstaben sind nicht besonders „hoch" und überdecken für einen besonders schönen Effekt maximal ein Drittel deiner ersten fetten Schrift.

Faux Kalligraphie

Kalligraphie ist eine wahre Kunstform und kann sehr zeitaufwendig sein. Wenn du einen ähnlichen Effekt mit weniger Übungsstunden erzielen willst, ist die folgende Schrift genau das Richtige für dich. „Faux Kalligraphie" eignet sich damit auch sehr gut für Anfänger. Alles, was du brauchst, ist ein Fineliner, ein dünner Gelstift oder ein Füller mit Tinte in einer Farbe deiner Wahl.

Step 1: Schreibe dein Wort in einer geschwungenen Schreibschrift. Die Buchstaben sollten nicht zu nah beieinanderstehen. Achte darauf, dass alle Buchstaben miteinander verbunden sind und dass das Schriftbild fließend ist.

Step 2: Setze den Fineliner erneut an und fahre alle Stellen nach, bei der die Strichrichtung nach unten zeigt. So entsteht eine etwas dickere Linie, die bei richtiger Federhaltung bei echter Kalligraphie automatisch entstanden wäre. Wenn du einen sehr deutlichen Effekt erzielen möchtest, kannst du den Prozess wiederholen oder die Zwischenräume zwischen der tatsächlichen Schrift und der entstandenen Hilfslinie auffüllen.

Handlettering-Basics

Wenn dir der kalligraphische Charakter gut gefällt, solltest du dich an das Thema Handlettering wagen. Damit werden Überschriften zu dekorativen Schmuckelementen und mit ein bisschen Übung findest du ganz schnell deinen eigenen Stil. Für das Handlettering im Journal empfehle ich dir Filzstifte mit einer etwas breiteren und elastischen Spitze. Du kannst natürlich auch mit Wasserfarben arbeiten, wenn dein Planer mit etwas dickerem Papier ausgestattet ist.

JOURNAL
JOURNAL
journaling
JOURNAL journal
Journaling
JOURNAL
JOURNAL
JOURNALING
Journaling
Journaling
JOURNAL PLANER

PLANER

Grundlagen und Tipps

Haltung bewahren! Es kommt auf die richtige Handhaltung an! Der Winkel, in dem der Stift auf das Papier trifft, ist besonders wichtig. Das kannst du außerdem beeinflussen, indem du den Winkel des Planers oder des Papiers änderst. Probiere verschiedene Winkel und rücke deine Seiten hin und her. Ein leicht schräg positioniertes Papier ermöglicht meist ein viel schwungvolleres Schriftbild. Am wichtigsten ist jedoch ein sehr fester, kontrollierter Griff. Halte den Stift nie vertikal zum Papier. So entgehen dir die Flexibilität der Spitze und die damit entstehenden Effekte.

Druck(verlust)!

Du hast deinen Stift bereits fest im Griff. Nun geht es um die sensible Dosierung von Druck auf die empfindliche Pinsel- oder Stiftspitze. Striche, die nach unten gerichtet sind, sollen etwas dicker werden. Die Spitze wird regelrecht zur Seite gedrückt und gibt so automatisch mehr Farbe ab. Dafür musst du wohldosierten Druck auf die Spitze ausüben. Striche und Linien, die nach oben gerichtet sind, wollen eher federnd und dünn ausgeführt werden. Bei diesen Elementen streift die Spitze das Papier nur ganz leicht.

Tempo!

Für erste Handlettering-Übungen bietet sich ein langsames Tempo an. So hast du maximale Kontrolle, und es bildet sich nach und nach ein ganz natürliches Muskelgedächtnis. Das braucht Zeit und Geduld. Wenn du deinen Stil gefunden hast, gehen dir Wörter und kurze Sätze irgendwann ganz schnell von der Hand.

— **Tipp** —

Auf www.teaandtwigs.de findest du ein kostenloses Übungsblatt zum Herunterladen, das du für deine persönlichen Handlettering-Übungen nutzen kannst.

Half Bold
Diese Schrift lässt sich ganz einfach gestalten und ist besonders gut für Anfänger geeignet. Außerdem kannst du sie mit einer Akzentfarbe und kleinen, filigranen Details ausschmücken. Und so gehst du vor:

Step 1: Schreibe einen Titel mit einem Fineliner deiner Wahl in gleichmäßigen, abgerundeten Großbuchstaben.

Step 2: Setze den Fineliner erneut an und dopple jeden Strich, der nach unten zeigt, mit einer weiteren Linie. Dadurch entstehen bei runden Buchstaben ein kleiner Bauch und bei geraden Buchstaben ein kleiner, leerer Zwischenraum.

Step 3: Die entstandenen Zwischenräume und Flächen kannst du nun mit einer Akzentfarbe deiner Wahl ausmalen oder mit einem Muster schmücken, zum Beispiel einer Schattierung in Schwarz oder vielen kleinen Punkten. Eine Kombination aus Farbe und Muster wirkt besonders aufwendig und ist trotzdem schnell gezaubert.

Schriftideen für dein Journal
Natürlich ist das längst nicht alles! Experimentiere mit verschiedenen Stiften, Farben und Details und kreiere deine eigene Lieblingsschrift. Die folgenden Elemente geben deiner Schrift den letzten Schliff:

- Serifen
- Schatten (absetzend oder invertiert)
- Schnörkel
- Outline
- Zierelemente (zum Beispiel Blumen oder Kreise)
- das Verbinden von Buchstaben

Schriften und Dekor lassen sich nach Lust und Laune in deinem Journal kombinieren. Gerade für Deckblätter und Inspirationssammlungen sind deiner Fantasie keine Grenzen gesetzt. Experimentiere mit verschiedenen Stilen und gestalte Monatsnamen, Füllwörter und sonstige Titel in verschiedenen Schriftarten. Das gibt deinem Journal eine persönliche Note!

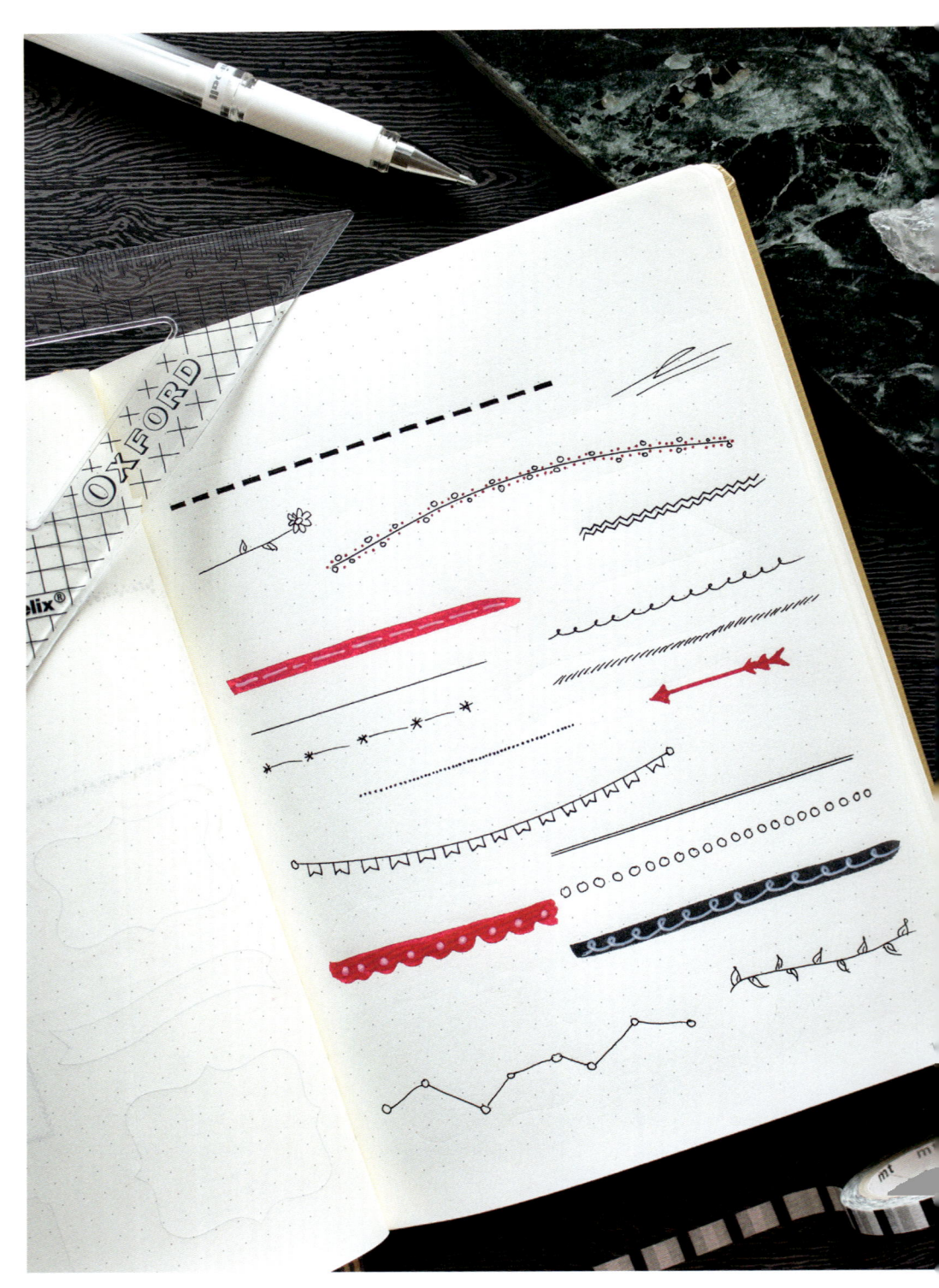

SCHMUCKELEMENTE

Schmuckelemente sind dekorative Lückenfüller, die viel mehr bewirken können als einfach nur gut aussehen. Sie können dein Layout strukturierter gestalten und Titeln oder Schlüsselwörtern noch mehr Nachdruck und Bedeutung geben.

Kränze, Linien, Rahmen, Ecken und Muster sollen dich dazu inspirieren, den Stift in die Hand zu nehmen. Am liebsten setze ich die folgenden Elemente bei der monatlichen Covergestaltung und bei Wochenübersichten ein. Finde heraus, welches Zierelement dir am besten gefällt, und mache es zu deiner ganz persönlichen Signatur.

Linien
Das kann jeder! Eine Linie ist unheimlich funktional und kann zugleich auch sehr zierend sein. Probiere verschiedene Strukturen und vor allem eines: Lasse dein Lineal links liegen. Handgeführte Striche geben deinem Journal einen individuellen Look und machen das Arbeiten unterwegs um ein Vielfaches einfacher.

Rahmen
Wenn du vier Linien verbindest, bildest du automatisch einen Rahmen oder eine Fläche. Rahmen sind die funktionalsten Schmuckelemente beim Planen. Sie sehen nicht nur gut aus, sondern bringen auch Struktur in deine Arbeit! Mit unterschiedlichen Rahmen und Rastern kannst du deine Seiten begrenzen und neu einteilen. Damit schaffst du eine ganz persönliche Ordnung für dein Journal mit viel Platz für deine Ideen und Module. Alles, was du brauchst, ist ein Stift. Das Lineal ist wie immer optional.

Die Linien und Stilrichtungen, die du bereits kennengelernt hast, kannst du nun zu Modulen verbinden. Ganz egal ob opulente Verzierungen oder filigrane Punkte an ausgewählten Stellen: Es gibt kein Richtig oder Falsch: Erlaubt ist, was gefällt!

Die entstandenen Schmuckelemente nutze ich besonders gerne in meinen Wochen- und Tagesübersichten und fülle sie mit meinen Zielen oder kleinen Trackern aus.

> **— Tipp —**
>
> **Die Rahmen in deinem Journal müssen nicht immer rechteckig oder quadratisch sein. Probiere dich auch mal an runden Formen, an einem Oval oder an asymmetrischen Vielecken.**

Weitere Schmuckelemente

Für Illustrationen, Coverseiten und Notizsammlungen bieten sich noch zahlreiche andere Schmuckelemente an. Mit dekorativen Ecken kannst du zum Beispiel Überschriften kunstvoll einrahmen oder Module hervorheben. Kleine Schnörkel eignen sich besonders zur Verzierung von Brushletterings oder zu Faux-Kalligraphie-Schriftzügen. Eine Inspirationssammlung findest du in der Abbildung auf Seite 135.

DECKBLÄTTER

Bist du bereit für ein Geständnis? Ich liebe Montage. Und das Gefühl, ein neues Kalenderblatt aufzuschlagen und einen ganzen Monat vor mir zu haben. Richtig glücklich macht es mich übrigens, wenn der 1. eines neuen Monats auf einen Montag fällt.

Ich kann dich beruhigen. Das war nicht immer so. Doch je mehr Passion und Herzblut ich in meine Arbeit stecken kann, desto weniger Trennungsschmerz habe ich vom Wochenende. Mein Journal ist vermutlich genau deshalb ein so treuer Begleiter in meinem Leben geworden, weil ich all diese positiven Alltagsmomente damit verbinde.

Am liebsten nehme ich mir zu Beginn eines neuen Monats ganz viel Zeit und gestalte eine aufwendigere Coverseite für meine Planung. Ein saisonales Deckblatt. Das steigert zwar nicht unbedingt meine Produktivität, ist aber eine kreative Auszeit nur für mich. Lass dich inspirieren und greife zu Pinsel, Farben oder deinem Lieblingsstift. Gib deinem Monat ein Thema deiner Wahl und leg los!

november 18

M	D	M	D	F	S	S
			1	2	3	4
5	6	7	8	9	10	11
12	13	14	15	16	17	18
19	20	21	22	23	24	25
26	27	28	29	30		

ziele

- 3 WORKOUTS PRO WOCHE
- GESUNDE ERNÄHRUNG
- ZEIT FÜR MICH
- FRÜHER INS BETT GEHEN (VOR 24 UHR)

Folgende Dinge überlege ich mir, bevor ich ein Cover gestalte:
- Welche saisonalen Themen und Feiertage bestimmen den kommenden Monat?
- Welche Farbe spricht mich momentan besonders an?
- Welche Farben passen zu den saisonalen Themen?
- Mit welchen Stiften und Materialien möchte ich experimentieren? Scrapbooking (siehe Seite 142)? Metallic-Effekte?
- Welche Symbole haben momentan eine starke Bedeutung für mich?
- Ist mir ein Zitat oder ein Spruch besonders im Gedächtnis hängen geblieben?

Bei den Deckblättern deines Journals kannst du dich richtig austoben und alle gestalterischen Tipps und Elemente kombinieren, die du bisher gelernt hast.

Dazu gehören vor allem:
- Schmuckelemente wie Linien, Rahmen, Kränze oder Ecken,
- Verschiedene Schriften, Brush Lettering und Kalligraphie,
- praktische Module wie zum Beispiel eine Mikromonatsübersicht oder ein Mini-Tracker.

Kränze sind besonders beliebt, da sie dem Monatsnamen eine perfekte Bühne bieten und schnell gezaubert sind. Du kannst deinen Kreis mit einem beliebigen Alltagsgegenstand vorzeichnen (ich habe oft eine Tasse benutzt) oder in einen Zirkel investieren.

— *Tipp* —

Wenn du mit Aquarell arbeitest, dosiere das Wasser vorsichtig, damit sich die Seiten deines Journals nicht wellen. Das Gleiche gilt für Flüssigkleber bei Scrapbooking-Techniken.

Die goldene Mitte – funktional und kreativ

Wenn du dein Cover mit funktionalen Modulen ausstatten willst, bieten sich dafür vor allem deine Ziele und eine Mikroübersicht des aktuellen Monats an. So hast du das Wichtigste immer auf den ersten Blick parat und kannst dich ganz nebenbei noch von deinem Layout inspirieren lassen.

Zitate

Zitate können unheimlich motivierend sein. Es gibt so viele Dichter, Denker und Redner, die für jede Situation die richtigen Worte gefunden haben. Mache eines davon zu deinem Monatsmantra und schreibe es auf dein Deckblatt. Analog zu „deinem Wort" kann ein Zitat oder Motto richtungsweisend sein und dich in deinen Zielen bestärken, dir Trost spenden oder einfach nur gute Laune machen. Probiere es aus!

– Tipp –

Manifestiere deine persönlichen Ziele mit einem besonders kreativen Layout. Positive Selbstbekräftigung und Visualisierung sollen dir helfen, deine Träume zu verwirklichen. Mach deine Coverseite zu deinem persönlichen Vision Board für den kommenden Monat. Lass dich von deinen Zielen inspirieren und gestalte daraus eine motivierende Monatsübersicht, die du gerne anschaust. So klappt es auch mit deinen Plänen!

Ein Kunstwerk

Wenn du eher einen kreativen Journal-Stil verfolgst und gerne mit vielen Farben arbeitest, ist ein Deckblatt die perfekte Leinwand für dich. Versuche dich zur Abwechslung mal an einem doppelseitigen Cover, das die gewohnte Struktur deines Planers komplett verschwinden lässt. Du kannst hier mit verschiedenen Materialien experimentieren: Stickern, Fotos, Wasserfarben, Pastellkreiden und vielem mehr. Deiner Fantasie sind keine Grenzen gesetzt.

HACKS UND KNIFFE: FEHLER VERBESSERN

Wenn du einen Kalender von der Pike auf selber gestaltest und jedes Wort von Hand schreibst, kann es schon mal zu kleinen Fehlern und Patzern kommen. Natürlich ist das nicht schlimm, manchmal stört es jedoch oder macht das Planen etwas umständlich. So ging es mir zum Beispiel letzte Woche, die plötzlich zwei Donnerstage hatte und keinen Freitag. Und wer kann schon auf einen Freitag verzichten? Ich nicht!

Auch ich bin alles andere als perfekt und die wundervollen Layouts in diesem Buch sind nur ein Fragment meiner beschriebenen Journal-Seiten. Wie viele krumme Linien, Schreibfehler, Lücken und Flecken ich schon produziert habe, kannst du dir gar nicht ausdenken. Vielleicht sind dir auch auf den Bildern in diesem Buch schon Fehler aufgefallen. Das ist menschlich. Doch genau diese haben mir eine wichtige Lektion erteilt: Fehler bringen einen manchmal auf die besten Ideen. Mit nur wenigen Kniffen zeige ich dir hier, wie du deine Layouts retten kannst. Und mit ein bisschen Glück entsteht dabei sogar etwas ganz Wundervolles!

Weiße Gelstifte

Kleine Patzer im Fließtext, falsche Wochentage sowie Fehler in Überschriften kann man supereinfach mit Gelstiften korrigieren. Ein weißer Gelstift ist nicht nur günstiger als Tipp-Ex, sondern deckt, meiner Erfahrung nach, viel besser ab und verklumpt nicht so schnell. Er trocknet nicht aus, und du kannst den Stift für mehrere Dinge verwenden. Das spart Platz. Du deckst deinen Fehler mit der weißen Farbe ab und lässt das Ergebnis komplett durchtrocknen. Danach kannst du mit einem schwarzen Fineliner die betroffene Stelle problemlos neu beschriften.

Schwarz malen

Wenn dein Missgeschick etwas größer ist, kannst du deinen Patzer auch mit dem gleichen schwarzen Stift korrigieren. Übermale die Problemstelle großflächig, als würdest du einen Textmarker benutzen. Für einen besonders dramatischen Effekt kannst du das entstandene Rechteck auch als Trennlinie auf die gesamte Seitenbreite ausweiten. Die schwarze Schrift sollte am Ende nicht mehr erkennbar sein und in dem Balken verschwinden. Wenn das Ergebnis gut getrocknet ist, kannst du einen weißen oder metallisch

schimmernden Gelstift zur Hand nehmen und den Balken beschriften (siehe Seite 141). Wichtig ist, dass der Stift auf Schwarz schreibt und genug Kontrast hat. Der entstandene Look gefällt mir so gut, dass ich ihn auch bereits bewusst als Dekorelement angewendet habe. Probier es mal aus!

Die Scrapbooking-Technik
Je größer die Patzer, desto schwerer die Geschütze! Wenn dein Layout großflächig nicht funktioniert, hilft manchmal nur Überkleben. Als Liebhaber von Schreibwaren und Washi-Tape habe ich eine unerschöpfliche Auswahl an bunten Papieren, Stickern und besagten dekorativen Reispapier-Tapes. Diese eignen sich wunderbar, um Module zu verschönern. Du kannst Materialien beliebig kombinieren, und viele Tapes und Papiere sind sogar beschreibbar. Probiere hier unbedingt vorher aus, ob dein Fineliner auf der Oberflächenstruktur schreibt oder nicht.

Das Layout auf Seite 143 habe ich gleich mit einem großen Patzer begonnen. Am liebsten hätte ich einfach weitergeblättert, doch ich hatte nur noch wenige Seiten in meinem aktuellen Planer übrig. Die Doppelseite habe ich mit der beschriebenen Technik nicht nur gerettet, sondern zu etwas ganz Besonderem gemacht. Kannst du den Fehler noch erahnen?

— **Tipp** —

Hier kannst du kreativ werden! Ausschnitte und Bilder aus Magazinen, Klebezettel, Fotos, Eintrittskarten oder andere Erinnerungsstücke ergänzen dein Journal und machen es zu einem Gesamtkunstwerk.

Nimm's mit Humor!
Fehler im Journal sind kein Weltuntergang, und mit genau dieser Attitüde solltest du sie anpacken. Egal, ob du es zu spät merkst oder gerade nicht das richtige Zubehör zur Hand hast: Die Flucht nach vorne ist oft die beste! Ganz egal, ob du einen Wochentag überspringst oder einen Monat komplett unter den Tisch fallen lässt, nimm es am besten mit Humor. Ein lockerer Spruch zaubert auch dir ein Lächeln auf die Lippen, und so blätterst du garantiert gerne zurück.

Die folgenden Wortwitze musste ich schon gezwungenermaßen in meinem Journal platzieren. Am schönsten integriere ich diese als Unterüberschrift in einer etwas kleineren Schrift unter dem tatsächlichen Übeltäter.

Freitag
war gestern …

September
war wundervoll! Willkommen, Oktober!

Samstag
(Eigentlich ist Freitag, ich träume vom Wochenende.)

Sauber durchstreichen
Ich mag ein sehr gleichmäßiges Schriftbild und den minimalistischen Journal-Stil. Wenn du auch ein Anhänger der besonders puristischen Gestaltung bist, kommen für dich einige der Techniken nicht infrage. Bunte Sticker in deinem Planer? Nein danke! Um deinem Stil treu zu bleiben, kann ich dir eines empfehlen: Mut zum Durchstreichen! Schnapp dir ein Lineal oder ein Geodreieck und streiche Rechtschreibfehler oder missglückte Überschriften gerade durch. Je akkurater, desto besser.

Alternativ kannst du größere Missgeschicke auch mit einem sauberen Kreuz durchstreichen. Fange direkt darunter neu an oder mach weiter – ganz, wie du möchtest. Dein Fehler stört optisch kaum und fügt sich so nahtlos in deinen Journal-Stil ein. Ich wende diese Technik besonders gerne in längeren Fließtexten an.

Lückenfüller

Fehlerausbessern ist definitiv eine Kunst, und manchmal kommt man vom Regen in die Traufe. Wenn man verschiedene Techniken ausprobiert hat und immer noch nicht zufrieden ist, hilft meist nur noch eines: umblättern und Neustart. Doch was machst du dann mit der entstandenen Leerstelle? Die Seite hat keine Funktion, und besonders glücklich macht sie dich beim Durchblättern vermutlich auch nicht. Generell greife ich hier gerne zu schönen Printables zum Ausdrucken und klebe diese großflächig auf das Missgeschick. Hier wähle ich etwas, das eine Funktion hat und mein Journal gut ergänzt. Das kann ein Ausmalbild oder eine Vorlage für ein Sudoku sein. Diese Seiten kannst du dann in Wartesituationen oder an verregneten Sonntagen nutzen. Im Projektteil wartet ein tolles Ausmalbild auf dich, welches gerne Lückenfüller für ausgemusterte Journal-Seiten spielt (siehe Seite 157).

— **Tipp** —

Überkleben sticht Ausreißen! Fehlende Seiten schwächen oft die Bindung deines Buches, sehen unsauber aus und lösen meist auch die folgende oder verbundene Seite aus deinem Planer. Füttere dein Buch lieber mit Mehrwert und klebe etwas ein, das du selber nicht gestalten kannst. Win-win!

Stifte im Test

- ———— = PILOT FRIXION BALL 0.7
- ———— = **PILOT FRIXION COLORS**
- ———— = PILOT FRIXION BALL 0.7
- ———— = PILOT FRIXION POINT 0.5
- ———— = PILOT FRIXION BALL 0.7
- ———— = PILOT FRIXION BALL CLICKER
- ———— = FRIXION LIGHT
- ———— = FRIXION LIGHT
- ———— = PILOT FRIXION BALL 0.7
- ———— = **PILOT FRIXION COLORS**

RADIERTEST

Radierbare Stifte

Was ist schon permanent? Nicht viel, aber – Überraschung! – die meisten Fineliner schon. Augen auf bei der Stiftwahl, denn es gibt inzwischen tolle Innovationen. Dazu gehören zum Beispiel radierbare Stifte und Textmarker. Neongelb und Schwarz? Kein Problem! Klingt unglaublich, funktioniert aber tatsächlich auf den meisten Oberflächen. Einige dieser Stifte sind nicht ganz so farbintensiv oder verblassen nach einiger Zeit, aber das nehme ich gerade bei Terminen oder Markierungen, die noch nicht in Stein gemeißelt sind, gerne in Kauf.

— Tipp —

Lege dir eine „Stifttest"-Seite an und probiere neue Stifte mit besonderen Eigenschaften aus, bevor du sie in deinem Journal anwendest. Hier kannst du nicht nur die Radiereigenschaften und die Kompatibilität mit deinem Papier testen, sondern die Stifte auch auf Ausbluten und Schmieren untersuchen.

Do-it yourself-

PROJEKTE

DER DIY-JOURNAL-EINBAND – TRAVELER'S NOTEBOOK

Ich habe dir bereits von meinem ersten Journal mit Wasserschaden erzählt, und damit du diese schmerzliche Erfahrung nicht selber machen musst, habe ich ein tolles und einfaches DIY für dich.

Schöne Einbände für deinen Planer sind schwer zu bekommen oder unglaublich teuer. Als ich nach besagtem Schockerlebnis nach einem hübschen Cover suchte, war ich ehrlich gesagt ein wenig enttäuscht. Nichts entsprach meinen Vorstellungen, das meiste war recht rustikal und meine Farben gab es schlichtweg nicht. Mit einer Farbpalette im Kopf und dem schlichten Credo „So einfach wie möglich!" zog ich los und besorgte ein paar wenige Dinge, aus denen ich einen Einband zaubern wollte. Dieses DIY kommt ganz ohne Nähmaschine aus und ist auch für Anfänger geeignet.

Du brauchst:
- (Fake-)Leder oder einen anderen robusten, wasserfesten Stoff deiner Wahl
- Schneidematte oder robuster Untergrund
- Cuttermesser oder Schere
- Heißklebepistole
- Stift zum Anzeichnen
- langes Lineal und Geodreieck

Step 1: Miss dein Journal aus. Wenn du eine Standardgröße wie DIN A5 benutzt, kannst du dich an meinem Schnittmuster orientieren. Ein Template dazu kannst du auf www.teaandtwigs.de herunterladen. Bedenke, dass du auch den Rücken deines Journals einrechnen musst.

Step 2: Schneide die Teile auf einem robusten Untergrund oder einer Schneidematte zu. Das Messer oder die Schere sollte sehr scharf sein, damit das Material nicht ausfranst. Leder und Lederimitat müssen nicht versäubert werden und sollten bei einem geraden Schnitt eine saubere Kante haben.

Step 3: Lege dein Journal auf den Einband und schlage die Ecken ein. Trage vorsichtig Heißkleber auf die in der Anleitung markierten Teile auf. Schlage die überstehenden Teile ein und drücke sie gut an, bis der Kleber ausreichend getrocknet ist.

DER DIY-STIFTEHALTER

An den handelsüblichen Leuchtturm- oder Moleskine-Büchern vermissen die meisten Journaling-Fans vor allem eines: einen Stiftehalter! Diese kann man inzwischen für gutes Geld nachkaufen, aber warum nicht einfach selber machen?

Du brauchst:
- ein kleines Stück (Fake-)Leder
- Cuttermesser oder Schere
- Vielzweckklemme
- Lineal
- Stift zum Anzeichnen

Step 1: Zuerst musst du dein Leder in quadratische Form bringen. Für einen handelsüblichen Kugelschreiber schneidest du das Leder wie folgt zurecht: 40 Millimeter x 40 Millimeter.

Step 2: Miss deine Vielzweckklemme. Meine ist 19 Millimeter lang. Schneide dein Lederquadrat an der gekennzeichneten Stelle in der Mitte ein. Der Schlitz sollte 1 Millimeter breiter als die Vielzweckklemme sein, in diesem Fall 20 Millimeter. Nachdem du das Leder eingeschnitten hast, musst du die Klemme durch beide Öffnungen schieben können.

Step 3: Wenn du die Vielzweckklemme schließt, bildet sich automatisch ein kleiner Schlauch. Hier sollte dein Stift ohne Probleme durchpassen und zugleich nicht durchfallen können. Die Ecken des Leders kannst du bei Bedarf dekorativ abschrägen.

Step 4: Befestige den Clip an deinem Journal-Cover, an einer Seite oder an deinem Einband – fertig!

Das ging dir zu schnell? Auf meinem Blog www.teaandtwigs.de findest du das Tutorial zur Herstellung des Stiftehalters als Video. Dort findest du außerdem noch viele weitere Vorlagen und Projekte rund ums Journaling.

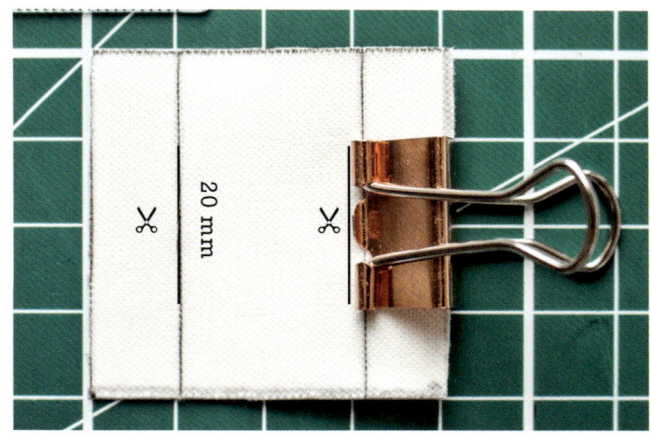

Stempel können deinen Workflow verbessern und bestimmte Elemente deiner Layouts automatisieren. Ganz nebenbei sehen sie natürlich toll aus! Mit diesem einfachen DIY kannst du deine Stempel kostengünstig individualisieren.

STEMPEL SELBER MACHEN

Für Journaling-Zubehör könnte man wirklich Unmengen an Geld ausgeben. Jedoch wird das dem minimalistischen Prinzip nicht wirklich gerecht, und je ausgefallener das Zubehör ist, desto seltener benutzen wir es im Alltag. Wenn du schon immer mal Stempel ausprobieren wolltest, aber nicht weißt, ob dir der Look gefällt, dann habe ich das richtige DIY für dich!

Du brauchst:
- Moosgummi
- Cuttermesser
- Bastelschere
- Bastelkleber
- Korken oder Deckel von Einmachgläsern als Stempelbasis

Step 1: Zeichne dein Wunschmotiv auf dein Moosgummi. Bedenke: Es sollte nur so filigran sein, dass du es problemlos ausschneiden kannst.

Step 2: Klebe das Moosgummi auf einen Korken oder einen ausgemusterten Deckel eines alten Einmachglases. Bei der Wahl des Alltagsgegenstandes kannst du kreativ sein. Wichtig ist, dass du gleichmäßigen Druck auf den Stempel ausüben kannst. Lasse deinen Stempel vor der ersten Benutzung gut durchtrocknen.

Step 3: Du kannst ein handelsübliches Stempelkissen benutzen oder deinen Stempel vorsichtig mit Acrylfarbe bestreichen.

ZEN-JOURNALING – DAS AUSMALBILD

Ausmalbücher für Erwachsene sind ein großer Trend in der Kreativszene. Sogenannte Zentangles sollen den Prozess des Zeichnens besonders meditativ und entspannend machen. Traditionell werden echte Zentangles immerzu schwarz-weiß auf Quadrate von genau neun Zentimeter Seitenlänge gezeichnet. So konnte man sie immer dabeihaben und sich in entsprechenden Situationen damit Ruhe und Frieden verschaffen. Die Motive waren meist abstrakt und entstanden eher spontan. Diese Restriktionen gelten für uns natürlich nicht, und ich habe – inspiriert von dieser Zeichentechnik – ein Ausmalbild für dich entworfen. Dieses kannst du abpausen oder kopieren und in dein Journal einkleben.

— *Tipp* —

Du kannst dein Ausmalbild auch zu einem Tracker umfunktionieren! Gib deiner Stimmung eine Farbe und male jeden Tag ein kleines Stück aus. Du kannst dich hier von der klassischen Farbenlehre und ihren traditionellen Bedeutungen inspirieren lassen oder selber eine Legende festlegen. Das ist eine wunderbare Möglichkeit, um dich kreativ mit deinen Gefühlen auseinanderzusetzen und diese aufs Papier zu bringen. Es muss nicht immer das Schreiben sein!

Inspiration

FINDEN

GEMEINSAM KREATIV WERDEN

Kreativität und Inspiration gehen Hand in Hand. Manchmal küsst mich die Muse ganz spontan, und die Ideen sprudeln geradezu aus mir heraus, und manchmal muss ich ihr gewaltig auf die Sprünge helfen. Das Schöne an Inspiration: Sie versteckt sich überall. Gerade inhaltlich ist mein Alltag mit all seinen Konflikten, Schwierigkeiten und Höhenflügen die beste Vorlage. Solche Situationen führen zu kleinen, aber feinen Veränderungen in meinem Leben, die ebendieses besser machen. Wenn irgendwas nicht läuft, trage ich es in den Gewohnheitstracker ein. Doch auch die besonders schönen Erlebnisse inspirieren mich zu Einträgen. Zum Beispiel in meiner Dankbarkeitsliste. Natürlich kannst du dich auch online von vielen anderen kreativen Talenten inspirieren lassen. Auf Pinterest, Instagram und YouTube findest du unzählige Ideen zum Thema Journaling. Hier gibt es nicht nur tolle Anregungen für neue Kollektionen und Module, sondern auch außergewöhnliche Layouts und Darstellungsweisen. Die Online-Community ist in den letzten Jahren immens gewachsen, und es findet ein großer Austausch unter Journaling-Fans statt. Wenn du Lust hast, Teil der Gemeinschaft zu werden, kannst du zum Beispiel meiner TEA&CREATE-Facebook-Gruppe beitreten. Hier teile ich regelmäßig neue Ideen, und viele andere talentierte Kreative tun das auch. Ich bin schon ganz gespannt auf deinen Beitrag!

Mit dem Hashtag #TeaAndJournal teilt die Community außerdem Bilder und Layouts auf Instagram. Wenn du Ideen aus diesem Buch in deinem eigenen Journal umsetzt und teilst, markiere sie gerne mit diesem Hashtag und vernetze dich mit mir!

Digital inspiriert – analog kreativ
„Wie bekommst du eigentlich immer neue Ideen für deine Layouts, und gehen dir nicht irgendwann die Themen aus?" Diese Frage wird mir sehr oft gestellt, vor allem online. Dabei sind die Fragesteller nur einen Mausklick von der Antwort entfernt. Im Internet lauert ein unfassbar großes Universum voll von Ideen, kreativen Vorlagen und Bildern, die zum Nachahmen einladen. Die weltweite Digitalisierung macht wirklich vor gar nichts halt, nicht mal vor einem von Grund auf analogen Hobby wie dem Journaling. Tatsächlich findet man nirgendwo so viel Inspiration zu diesem Thema wie im World Wide Web. Mehr oder minder klassische Literatur zu diesem Thema, so

wie dieses Buch, das du gerade in den Händen hältst, findest du zwar kaum dazu. Aber allein der Hashtag #BulletJournal bündelt bis zum heutigen Tag 1.442.271 Beiträge – Tendenz steigend! Ich möchte dir an dieser Stelle die besten Hashtags auflisten, die die digitale Pforte zur #BujoInspiration sind. Dort findest du die besten Journaling-Profis, die neusten Trends und die schönsten Layouts.

Natürlich kannst du diese Hashtags auch nutzen, um deine eigenen Kreationen zu posten. So sehen es viele Leute, und du kannst neue Kontakte zu Gleichgesinnten knüpfen. So habe ich übrigens auch ein paar ganz tolle Leute kennengelernt, über die ich im „echten Leben" wohl nie gestolpert wäre.

Die besten Journaling-Hashtags:
#BulletJournal
#Bujo
#BulletJournaling
#BulletJournalLove
#BulletJournalJunkies
#BujoJunkies
#BujoInspire
#BujoBeauty
#BujoBeauties
#BulletJournalGermany
#MinimalistBujo
#Planner
#PlannerAddict
#PlannerCommunity

Die besten Hashtags für Module oder andere spezielle Themen:
#BujoWeekly
#WeeklySpread
#HabitTracker
#MidoriTravelersNotebook
#BulletJournalCollection
#TeaAndBujo
#TeaAndJournal

Du merkst wahrscheinlich schon: Theoretisch kannst du jeden Begriff eingeben und damit Inspiration finden. Integriere das gerne in deine Planungsroutine und schaue dir vorher verschiedene Layout-Ideen an. Die Hashtag-Suche funktioniert natürlich auch mit Markennamen oder anderen speziellen Merkmalen des Journals (zum Beispiel #DotGrid).

99 LISTEN UND MODULE, DIE DU UNBEDINGT ANLEGEN SOLLTEST

1) 101 Ziele in 1.001 Tagen
2) 30 vor 30: Liste mit Dingen, die du vor deinem 30. (oder 40., 50. ...) Geburtstag erlebt haben möchtest
3) 667,95 Euro in 365 Tagen sparen: Am 1. Januar sparst du einen 1 Cent und steigerst dich jeden Tag um einen weiteren Cent.
4) Mantras
5) „To feel"-Liste
6) Ein Satz pro Tag
7) Affirmationen
8) Morning Pages
9) Bucket List
10) Visionboard
11) DIY-To-do-Liste
12) Urlaubsziele
13) Reisetagebuch
14) Weltkarte und Orte, die du schon besucht hast
15) Brushlettering-Übungsseite
16) Referenzseite für Stifte und Farben (siehe Seite 25 und 146)
17) Dekoelemente für dein Journal
18) Sketchnotes
19) Mandalas
20) Monatsdeckblätter
21) A Doodle a day: Eine Zeichnung für jeden Tag

22) Jahr in Pixeln: Ein Moodtracker für das ganze Jahr, bei dem jeder Tag eine Farbe je nach Stimmung bekommt und der am Ende eine große Übersicht ergibt.
23) Washi-Tape-Kollektion
24) Lifehacks
25) Morgenroutine (siehe Seite 176)
26) Abendroutine (siehe Seite 176)
27) Selfcare-Routine
28) Miracle Morning: Level 10 Life
29) Komplimente
30) Wunschliste
31) Geburtstagsgeschenke
32) Weihnachtsgeschenkideen
33) Minimalismus-Challenge
34) Capsule Wardrobe: Minimalismus im Kleiderschrank
35) Fitness-Challenge
36) Maße und Gewicht
37) Gelesene Bücher
38) Bücher, die ich gerne lesen würde (siehe Seite 169)
39) Gesehene Serien und Filme
41) Lieblings-Podcasts
42) Lieblingslieder
43) Lieblingszitate
44) Lieblings-Apps
45) Lieblingsrestaurant und Reviews
46) Lieblings-Playlists
47) Die besten Momente deines Lebens
48) Dinge, die dich glücklich machen
49) Hochzeitsplaner
50) Zyklustracker (siehe Seite 170)
51) NFP (natürliche Familienplanung)
52) Schwangerschaftstagebuch
53) Checkliste Krankenhaustasche
54) Babynamen

55) Meilensteine Kids (zum Beispiel Größe)
56) „Baby's first ..."
57) Abendroutine für Kids
58) Arzttermine und -besuche
59) Mein Haustier (Arztbesuche, Notizen)
60) Weinliste
61) Kühltruheninventar
62) Standard-Einkaufsliste
63) Lieblingsrezept(e)
64) Vegane/vegetarische Food Swaps
65) Master-Meal-Plan
66) Saisonales Obst und Gemüse
67) Gartenkalender
68) Clean-Eating-Regeln
69) Erste-Hilfe-Checkliste
70) Haushaltstracker
71) Putzplan
72) „Das letzte Mal im ...": Hier trägst du Arztbesuche oder Aufgaben ein, die du nicht regelmäßig machen musst, bei denen es aber gut zu wissen ist, wann du sie das letzte Mal erledigt hast.
73) Budgetplanung
74) Packliste
75) Persönlichkeitstest/-typen
76) Traumtagebuch
77) Schlaftracker
78) Monatsrückblick
79) „Bereits geschafft"-Liste
80) Lernplan
81) Bewerbungstracker
82) Pro-und-Kontra-Listen
83) 5-Jahres-Plan
84) 10-Minuten-Aufgaben
85) Belohnungsliste

86) Redaktionsplan für deinen Blog
87) Social-Media-Tracker
88) Challenges
89) Ausgeliehenes (siehe Seite 174)
90) Versandtracker für Bestellungen
91) Stundenplan
92) Bezahlte Rechnungen
93) Ausgaben
94) Verträge und Kündigungsfristen
95) Geschäftskontakte
96) Wichtige Adressen
97) Wichtige Telefonnummern
98) Öffnungszeiten (Uni, Bib, Kita)
99) Passwörter

— Tipp —

Auf meinem Blog www.teaandtwigs.de findest du einen XXL-Beitrag und ein Video mit allen hier erwähnten Layouts.

VORLAGEN UND BEISPIEL-SPREADS

Von der Pflicht nun zur Kür! Du hast bereits alle Grundlagen verinnerlicht, und dein Planer ist mit den erwähnten Übersichten und Modulen ausgestattet? Vielleicht führst du auch bereits länger ein Journal und bist auf der Suche nach ausgefallenen Gestaltungsmöglichkeiten und Umsetzungen für ganz besondere Seiten? Dann bist du hier genau richtig!

Ich öffne an dieser Stelle mein persönliches Journal nur für dich und zeige dir meine absoluten Favoriten. Diese Seiten können dich inhaltlich inspirieren oder du wandelst die Struktur der verschiedenen Module für ganz andere Themen ab – das überlasse ich ganz dir!

Erinnerungen

Eine Seite für gezeichnete Erinnerungen war lange Zeit fester Bestandteil meiner monatlichen Planungsroutine. Jedes Erlebnis, jedes Hoch sowie jedes Tief hielt ich in Form einer kleinen Zeichnung in meinem Planer fest. So konnte ich beim Durchblättern auf einen Blick genau sehen, was alles passiert war. Die starke visuelle Komponente dieses Layouts macht es besonders individuell und zugleich auch sehr zeitaufwendig. Dieses Spread ist etwas für Geduldige und Kreative! Kannst du anhand der abgebildeten Seite und der kleinen Doodles erraten, was im vergangenen Monat bei mir los war?

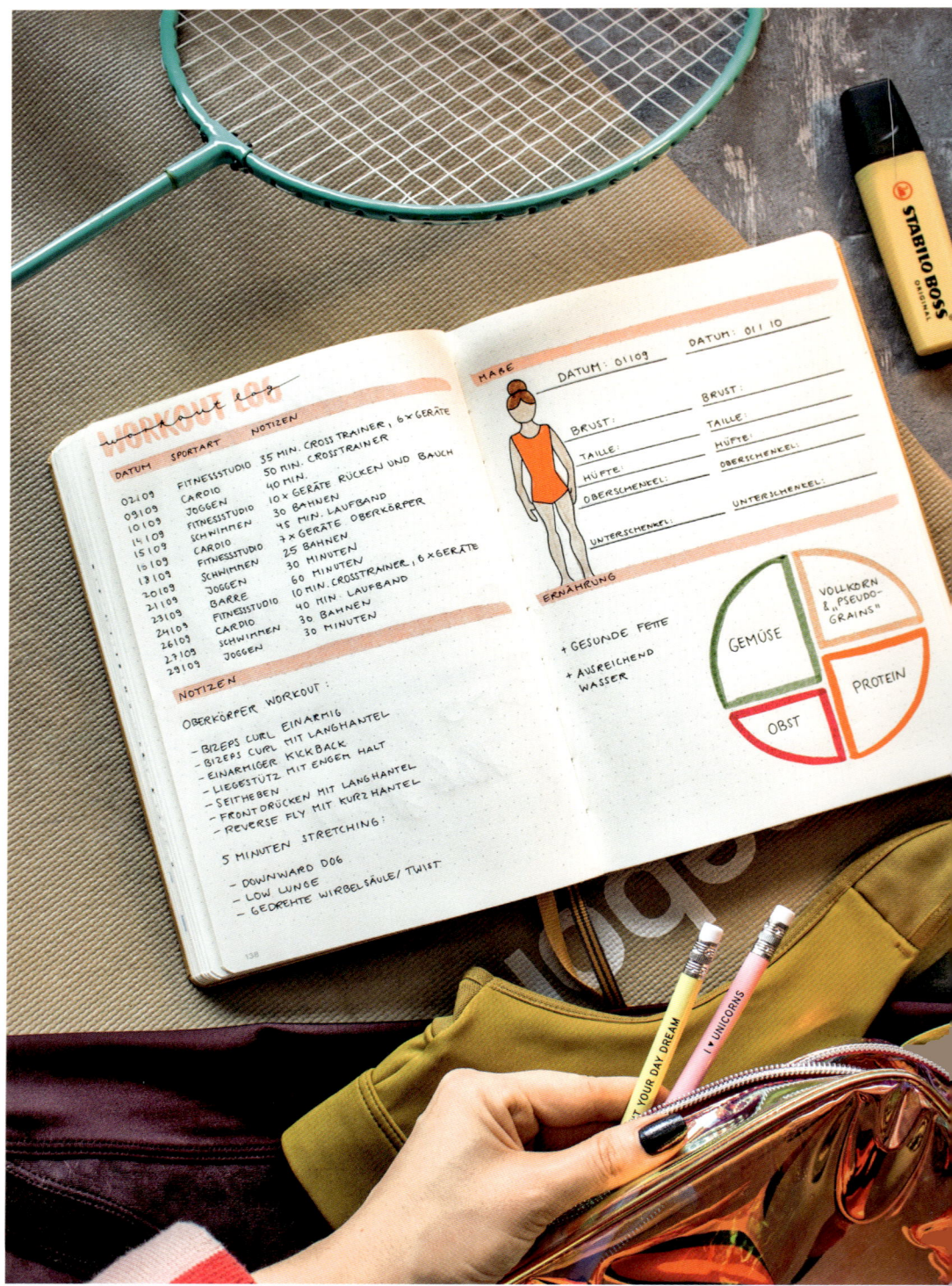

Sport Log

Das Journal ist ein hilfreiches Tool, wenn du dir neue Gewohnheiten antrainieren willst. Es ist der ideale Coach und hat Platz für all deine Fortschritte, Maße und Trainingseinheiten. Es ist extrem motivierend, Workouts und Erfolge festzuhalten, und ich habe schon verschiedene Layouts ausprobiert. Die links abgebildete Seite sieht nicht nur gut aus, sondern bietet auch genügend Raum für Notizen.

— *Tipp* —

Wenn eine Sportart oder das Training an sich eine sehr große Rolle in deinem Leben spielt, solltest du eventuell über ein separates Trainingsjournal nachdenken. Auch das kannst du im Journal-Stil führen und besonders handliche Formate kann man super mit ins Fitnessstudio nehmen.

Meine Bibliothek

Wie oft habe ich mir schon vorgenommen, mehr zu lesen! Früher fiel mir das Lesen leicht, doch seit Netflix, Smartphone und Co. ist ein Buch meistens die zweite oder dritte Wahl. Das tägliche Lesen musste ich also als gute Angewohnheit wieder nach und nach in meinen Alltag einführen, und geschafft habe ich das erst vor zwei Jahren mit meinem Journal.

Das hilfreichste Modul war eine Sammlung mit allen Büchern, die ich gelesen habe. Hier habe ich außerdem Platz für Notizen, eine Bewertung und das Datum für das Beenden des Buches eingeplant. Das motiviert, und ich liebe es, wenn diese Liste wächst. So habe ich außerdem immerzu Buchempfehlungen für Familie und Freunde parat und kann mich an meine Gedanken und das finale Urteil erinnern. Wenn du Lesestart- und/oder -enddatum für deine Bücher festhältst, hast du außerdem einen optimalen Überblick über deinen monatlichen Bücherkonsum. Ausnahmsweise ist mehr tatsächlich mehr!

— Tipp —

Wenn dich ein Tracker unter Druck setzt und du noch ein wenig an deinen Lesegewohnheiten arbeiten musst, kannst du auch mit einer motivierenden Bücherwunschliste beginnen und diese besonders schön gestalten. Hier trägst du alle Bücher ein, die du gerne anschaffen oder lesen willst. Wenn du es gerne multifunktional magst und keinen weiteren Tracker anlegen willst, kannst du eine Seite mit Büchern beziehungsweise Buchrücken ausmalen, diese beschriften und tatsächlich gelesene Bücher einfach farbig ausmalen (siehe Seite 180).

Der Periodentracker

Wann hatte ich das letzte Mal meine Tage? Wie lange dauert überhaupt mein Zyklus? Welche Symptome sind absolut typisch für mich? Unsere Periode ist etwas vollkommen Natürliches und nichts, worüber man sich ärgern sollte. Unser Körper ist ein wahres Wunderwerk, und ich kann jedem empfehlen, sich näher mit den Vorgängen im eigenen Inneren auseinanderzusetzen. Klar, manchmal ist es unangenehm und man verflucht diese weibliche Eigenart, während man mit Wärmflasche und Schokoladeneis im Bett liegt – aber selbst das macht es mir irgendwie sympathisch. Ich wiederhole gerne: Schokoladeneis! Gerade wenn du nicht hormonell verhütest, ist dein Körper ein ausgeklügeltes System, das nach seiner ganz eigenen Zeitrechnung tickt. Diese Parallele ist doch prädestiniert für dein Journal! Mit deinem Planer kannst du alles zu diesem Thema dokumentieren und lernen, diese Uhr so präzise wie möglich zu lesen und zu interpretieren.

Solltest du dich für Themen wie Familienplanung und natürliche Familienplanung (NFP) interessieren, kannst du deinen Periodentracker auch dafür nutzen und erweitern. Das gepunktete Grid eignet sich perfekt für einen Temperaturgraph.

> **— Tipp —**
>
> **Generell empfehle ich dir, die Mondphasenübersicht mit Bleistift vorzuzeichnen. Messe dein Papier vorher aus oder zähle die Kästchen deines Grids ab. Um Platz zu sparen, kannst du die Übersicht auch nur für ein halbes Jahr vorzeichnen, besonders wenn du deinen Planer schneller füllst und mehrmals im Jahr einen neuen anfängst. Für die finale Beschriftung nimmst du am besten einen besonders filigranen und schmierfesten Fineliner, damit du dein Werk nicht gleich verwischst.**

Mondphasen

Die Beantwortung der Frage, ob es eine tatsächliche Korrelation zwischen bestimmten Ereignissen und den Mondphasen gibt, könnte wohl ein eigenes Buch füllen. Der Mondkalender gehört trotzdem oder gerade deshalb zu meinen liebsten Seiten im Journal. Bei schlechten Schlafphasen blättere ich gerne mal zurück und gehe der Sache auf den Grund – vielleicht ist das auch etwas für dich?

Leihgaben

Wer kennt es nicht? Wo ist eigentlich die Sonderausgabe des dritten Harry-Potter-Bandes oder die Kuchenform? Ich verleihe Dinge gerne, ganz egal ob absolutes Lieblingsstück oder Alltagsgegenstand, aber noch lieber sortiere ich sie dann irgendwann an gewohnter Stelle wieder in den Hausrat ein. Manchmal fällt mir jedoch erst Monate oder Jahre später auf, dass ein ganz bestimmtes Stück fehlt (meistens wenn ich es dringend brauche), und ich kann mich nicht mehr dran erinnern, wer meinem Hab und Gut ein temporäres Zuhause geschenkt hat.

Eine Weile versuchte ich es mit einem digitalen Fotoalbum auf meinem Handy. Für jedes ausgeliehene Teil speicherte ich ein Bild und platzierte ein Post-it mit dem Namen der jeweiligen Person auf dem Foto. Wie lange ich das konsequent durchgehalten habe? Gute Frage. Ich kann es gar nicht genau beziffern, so schnell habe ich diesen „Lifehack" vergessen. Dann doch lieber analog! Lege dir eine Tabelle für Leihgaben an und notiere hier Namen, Datum und eventuell sogar den Zustand der Leihgabe oder andere Notizen.

— **Tipp** —

Das Gleiche gilt übrigens auch als Ausleihender! Wenn du besonders verantwortungsbewusst mit Dingen umgehen willst, die du ausleihst, notierst du sie am besten in einer ähnlichen Tabelle. Eine Doppelseite bietet sich an, so hast du den optimalen Überblick. Du kannst gleich einen Termin für die Rückgabe festlegen und diesen sogar in deiner monatlichen Planung berücksichtigen. So verleiht man gern!

Routinen

Dein Journal beherbergt viele deiner Angewohnheiten. Routinen sind streng genommen eine Aneinanderreihung von verschiedenen Gewohnheiten, die dir damit ein wohliges Gefühl geben sollen und dir außerdem viele Entscheidungen abnehmen. Das kann eine Abendroutine, ein Morgenritual oder auch ein „Selbstliebeprogramm" sein.

Ich kann mich noch gut daran erinnern, als ich das erste Mal eine Seite mit meiner idealen Morgenroutine angelegt habe. Das war in meinem ersten Filofax. Ein unfassbar unhandliches Riesenmodell. Ohne zu wissen, was ich tat, habe ich mich schon damals an den journaltypischen Techniken bedient. Ich rechnete die idealen Zeiten für mein Aufstehen und die Gassirunde aus und trug alles mit einem Zeitstrahl auf ein gestärktes Deckblatt ein. Dieses heftete ich vor meine bevorstehenden Wochentage und legte mir meinen Planer jeden Abend offen auf den Küchentisch. Damit wollte ich mich gleich zu Tagesbeginn an den idealen Ablauf erinnern und natürlich kontrollieren, ob mein Rechenbeispiel aufging.

Ganz so penibel musst du das natürlich nicht angehen. Allerdings finde ich es sehr motivierend und hilfreich, eine Vorstellung von meinem idealen Morgen (oder Abend) zu haben. Und das muss auch gar nicht nach Schema F oder anderen Idealen konstruiert werden. „Zehn Dinge, die erfolgreiche Menschen in den ersten zehn Minuten nach dem Aufstehen tun ..." – das interessiert und vor allem inspiriert mich nicht, und dir mag es ähnlich gehen. Diese Artikel fluten momentan das Internet und wecken falsche Erwartungen. Du musst herausfinden, was dir guttut. Vielleicht bist du einfach kein Frühaufsteher oder du kriegst morgens beim besten Willen kein Frühstück runter. Und das ist okay. Dieser Masterplan für den perfekten Morgen oder Abend ist nur für dich. Dein Partner, deine Eltern oder das Internet müssen ihn nie zu Gesicht bekommen. Ich mache heute eine Ausnahme und teile meine ganz persönliche Morgenroutine. Meine Abendroutine findest du auf Seite 159. Lass dich inspirieren!

Diese Seiten funktionieren wie eine losgelöste Kollektion, auf der du später nicht unbedingt wieder etwas einträgst. Während der Erstellung einer solchen Übersicht brainstorme und überlege ich jedoch genau, wie ich meinen

Tag gerne gestalten würde. Deswegen haben sie für mich einen großen Mehrwert. Ich komme jedoch auch erstaunlich oft auf diese Seite zurück – deshalb solltest du sie unbedingt in deinen Index eintragen –, nämlich immer dann, wenn dank Stress auf der Arbeit oder im Privatleben meine Routine leidet. Dann schleichen sich schlechte Angewohnheiten ein oder Verhaltensmuster, die mir nicht guttun. Genau dann blättere ich zurück und lasse mich von meiner eigenen Routine inspirieren und gehe den nächsten Tag mit neuer Energie an. Vielleicht lege ich meinen Planer sogar wieder abends auf den Küchentisch – so wie damals!

Monatsevaluierung
Im Rahmen meiner Planungsroutine habe ich bereits erwähnt, dass man neue Module und Prozesse immer wieder auf den Prüfstand stellen muss. Wenn ich in einem Monat besonders viel experimentiert habe, halte ich das gerne in Form einer Evaluierungsseite fest. Wenn du bereits über eines meiner „Plane mit mir"-Videos auf YouTube gestolpert bist, konntest du nach jedem vergangenen Monat ein Fazit zu allen neuen Elementen sehen. Besonders interessant wird es, wenn man eine Seite, die man besonders liebevoll gestaltet hat, kaum ausgefüllt oder angeschaut hat. Warum ist das eigentlich so, und wie kann man das in der Zukunft vermeiden?

Blättere dein Journal am Ende eines Monats durch und halte in Form einer Kollektion fest, was für dich besonders gut funktioniert hat und was eben nicht. Auf diese Seiten kannst du immer dann zurückkommen, wenn du neue Module erstellst. Deswegen solltest du solche Evaluierungen auch unbedingt in deinen Index aufnehmen, damit du sie jederzeit schnell wiederfindest.

ANHANG

Finde deinen Journal-Stil – ein Selbsttest
Erkennst du dich wieder? Kreuze die Antwort an, die am meisten auf dich zutrifft! Auf der nächsten Seite findest du die Auflösung.

1. Wenn wir genau in diesem Moment einen Blick in deine Tasche werfen könnten, was würden wir darin finden?

A) Nur das Nötigste! Ich mag es gar nicht, unnötige Sachen mit mir rumzuschleppen. Smartphone, Geldbeutel, Stift, Notizbuch, Schlüssel und Taschentücher. Definitiv keine Überraschungen!

B) Wo soll ich anfangen? Ich habe immer eine Kamera dabei, um die schönsten Momente festzuhalten. Außerdem natürlich mein Mäppchen, Laptop, Lieblingsbuch, Sudokus gegen Langeweile und vieles mehr! Nenn mich Mary Poppins!

C) Mein Skizzenbuch ist immer mit dabei – ansonsten brauche ich allerdings nicht viel. Ich versuche, nicht so viel Schnickschnack einzupacken, damit ich genug Platz für meinen kleinen Wasserfarbenkasten habe.

2. Kannst du dich noch an deine Neujahrsvorsätze erinnern? Wie begegnen dir diese im Alltag?

A) Natürlich! Die sind inzwischen zu einem festen Teil meiner Routine geworden und tauchen zur Festigung immer mal wieder auf meiner To-do-Liste auf.

B) Autsch! Gut, dass du mich daran erinnerst. Das liebevoll gestaltete Visionboard habe ich nach Ende Januar unter dem Bett verstaut.

C) Klar. Ich visualisiere meine Wünsche gerne, leider weiß ich noch nicht so richtig, wie ich sie in die Tat umsetzen kann.

3. Wagen wir einen Blick auf deinen Schreibtisch und in die zugehörigen Schubladen. Du besitzt ungefähr ...

A) ... einen Terminkalender und einen schwarzen Stift. Überschaubar!

B) ... einen Filofax, ein Tagebuch, ein Skizzenbuch, Wasserfarben, Stickermaker, eine Laminiermaschine, Stempelkissen, Washi-Tapes, diese neuen Pastelltextmarker (ich liebe sie!), Puder für Embossing ...

C) ... ein Skizzenbuch aus Aquarellpapier und einen Kalender für den Alltag. Mein Augenstern ist mein neuer Füller und die Tinten von Winsor & Newton. Meine Wasserfarben habe ich schon sehr lange – die könnten mal wieder ein Update vertragen.

4. Du lernst auf eine wichtige Klausur. Das könntest du sein:

A) Ich muss gar nicht mehr viel vorbereiten. Meine Aufschriebe sind perfekt strukturiert, lesbar (!), und ich nutze sie direkt für meine Revision.

B) Ich bestelle online bunte Karteikarten und eine weitere Packung von den neuen Textmarkern. Das geht sonst nicht!

C) Ich übertrage meine Aufschriebe liebevoll auf Karteikarten und füge Sketchnotes hinzu – ich lerne einfach am besten mit Bildern.

Auflösung

A) Minimalist
So effizient wie möglich! Der minimalistische Journal-Stil ist genau dein Ding, und du führst dein Journal vor allem, um deine Produktivität zu steigern. Lass dich nicht von verschiedenen Gadgets oder kunstvollen Layouts auf Instagram einschüchtern: Dein Weg ist genau richtig! Der Erfinder des

Bullet Journals, Ryder Carroll, verfolgt auch diesen schlichten Stil in seinem Planer.

B) Alleskönner
Je bunter, desto besser! Du willst aus dem Journal-System etwas ganz Eigenes schaffen und experimentierst gerne mit verschiedenen Techniken und Zubehör in deinem Kalender. Inspiriert von Scrapbooking, würdest du am liebsten all deine Erinnerungen in deinem Journal festhalten, und schaffst damit eine einmalige Chronik. Ein wahres Kunstwerk!

C) Kreativling
Du legst großen Wert auf die Ausführung der Dinge. Jeder Pinselstrich sitzt, ist überlegt und vor allem eines: gekonnt! Deine Seiten sehen aus wie gedruckt. Du siehst deinen Planer als kreatives Ventil und hast deinen Stil gefunden. Lass dich nicht beirren: Du kannst so viel Zeit und Passion in deine Journal-Gestaltung investieren, wie du willst. Du bestimmst, was deine Produktivität steigert.

FAQ

Da ich seit einigen Jahren Videos und Blogartikel zum Thema Planen und Journaling veröffentliche, erreichen mich täglich viele Fragen. Ich hoffe sehr, dass ich hiermit viele allgemeine Fragen beantworten kann. Wenn nicht, kontaktiere mich am besten auf Twitter, Instagram oder Facebook!

Twitter: @jasmin_
Instagram: @teaandtwigs, @teaandcreate
Facebook: teaandtwigs

Frage: Das sieht alles so aufwendig aus! Ist Journaling auch etwas für Leute mit wenig Zeit?

Antwort: Absolut! In erster Linie soll das Journaling deinen Alltag strukturieren und deine Arbeit effizienter machen. Dekorative Elemente sind absolut optional. Fang klein an und wende die Symbolik und die Technik des Rapid Logging (siehe ab Seite 16) in deinem herkömmlichen Kalender oder Tagebuch an. Du wirst sehen, wie schnell du Erfolg damit hast.

Frage: Ist Journaling teuer?

Antwort: Nein, ganz im Gegenteil! Du hast vermutlich bereits alles zu Hause, was du dafür brauchst: einen Kalender oder ein Notizbuch und einen Stift. Das Journaling-System lässt sich in jedem beliebigen Büchlein aufsetzen. Marke und Preis spielen keine Rolle!

Frage: Was motiviert dich dranzubleiben? Ich habe Angst, dass ich meinen Planer nach ein bis zwei Wochen links liegen lasse.

Antwort: Das richtige System macht's! Wenn du etwas gefunden hast, das für dich funktioniert und dich weiterbringt, bleibst du automatisch dran. So ging es mir jedenfalls. Das Praktische an der Flexibilität des Journalings ist außerdem, dass es dir den Freiraum lässt, den du brauchst. In stressigen Phasen bleibt so mancher vorgedruckte Kalender unausgefüllt, und das frustriert. Dein Journal gönnt dir einfach eine Pause, und du kannst wieder nahtlos anschließen, sobald du die Muße dafür findest.

Frage: Welcher Kalender oder welches Notizbuch ist das beste Journal? Was verwendest du?

Antwort: Das kommt ganz auf deine Bedürfnisse an! Wenn dein Planer dich immer und überallhin begleiten soll, solltest du in ein Buch mit einem stabilen Einband investieren. Mir persönlich ist es wichtig, dass sich das Buch gut und glatt aufschlagen lässt und die Bindung mich nicht bei der Beschriftung beider Seiten stört. Außerdem achte ich auf tintensicheres Papier und eine gewisse Papierstärke. 80 bis 100 Gramm pro Quadratmeter (g/m²) sind ideal, da noch stärkeres Papier dein Journal sehr beschweren würde. Es muss schließlich auch noch praktisch sein!

Des Weiteren gibt es Journale mit karierten, linierten, gepunkteten oder blanko Seiten. Hier kommt es auf deinen Stil und deine Inhalte an. Wenn du gerne viel malst, dekorierst und gestaltest, sind Punkte oder sogar ganz blanke Seiten eine gute Idee. Wenn du gerne Tagebuch schreibst, könnte ein liniertes Journal das Richtige für dich sein. Traditionell ist das gepunktete Raster am weitesten verbreitet und wird auch vom Erfinder Ryder Carroll benutzt. Ich liebe es auch, denn das Raster ist fast unsichtbar und hilft mir trotzdem sehr, meine Seiten zu strukturieren. Ich nutze ein Leuchtturm1917-Notizbuch in DIN A5.

Frage: Wie entwickelst du neue Layouts?

Antwort: Inspiration für mein Journal finde ich vor allem im Alltag. Die besten Seiten und Module entstehen bei mir „aus der Not heraus". Das kann eine drückende Deadline sein, die kurzerhand zu einem ganzen Projektplan wird, oder eine schlechte Angewohnheit, die einen neuen Gewohnheitstracker entstehen lässt. Nach der Idee und einem tatsächlichen Ziel kommt die gestalterische Komponente. Hier lasse ich mich am liebsten von Materialien inspirieren, von Farben, die ich gerade besonders gerne mag, und von außergewöhnlichen Strukturen und Effekten wie Wasserfarben und dem Metallic-Look. Und dann gibt es da natürlich noch das Internet! Auf Instagram, YouTube und Pinterest gibt es so viele tolle Kreative, die ihre einzigartigen Layouts zur Schau stellen und teilen. Vernetzt euch mit Gleichgesinnten! Ich treffe mich regelmäßig mit meiner liebsten Freundin Ilinca zum gemeinsamen Planen und Gestalten. So entwickeln wir unsere Layouts weiter, teilen Materialien und tauschen uns aus.

Ich hoffe sehr, dass du ganz schnell dein persönliches System findest und mit deinem Journal tolle Erfolge erzielst.

Glossar

Bleeding – durchscheinende und auslaufende Tinte

Braindump – Seite für sonstige Einfälle/Spielplatz

Bullets – Symbole des Rapid Loggings (•, -, >)

Journal Key – Journal-Schlüssel

Calendex – Jahresübersicht

Collection oder Kollektion – Notizsammlung zu einem bestimmten Thema

Daily Log – Tagesübersicht

Dailies – Tagesübersicht

Dot Grid – Punkteraster

Dutch Door – Zuschneiden (zum Beispiel halbieren) einer Journalseite, um die Einträge darunter sichtbar zu machen

Flipthrough – die Ansicht mehrerer Seiten des Journals, um Layouts zu demonstrieren; wird oft in Videos verwendet

Future Log – Jahresübersicht

Ghosting – durchscheinende Tinte (ähnlich wie Bleeding)

Gratitude Log – Dankbarkeitsliste

Habit Tracker – Gewohnheitstracker

Index – Inhaltsangabe

Jot – etwas schnell aufschreiben

Log – Eintrag

Migrate – eine Aufgabe verschieben

Monthly Log – Monatsübersicht

Month at a glance – Monatsübersicht

Set-up – das Aufsetzen von Journal-Einträgen, zum Beispiel eines Monats

Morning Pages – Journal-Übung, um die morgendlichen Gedanken zu bündeln

Signifier – zusätzliche Symbole, die einzelnen Punkten mehr Kontext geben (zum Beispiel ein Ausrufezeichen für „wichtig!")

Threading – der Verweis von einer Kollektion auf die nächste mit dem Hinweis „siehe Seite"; besonders hilfreich, wenn viele Seiten dazwischenliegen

Prompts – Themen für kreatives Schreiben/Journaling

Rapid Logging – Symbolsprache des Journalings

Spread – Seite/Layout (oft auch anstelle von „Log")

Weekly Log – Wochenübersicht

Danke!

An allererster Stelle möchte ich mich bei allen bedanken, die mich schon länger (oder kürzer) auf meiner Reise als Bloggerin begleiten. Vor zwölf Jahren kam mir diese fixe Idee eines eigenen Onlinemagazins in den Kopf, mit dem Ziel, damit irgendwann tolle Arbeitsproben für meinen ersten Job als Journalistin in den Händen zu halten. Dass sich hingegen einer meiner größten Lebensträume, ein eigenes Buch, dadurch manifestiert, hätte ich nie gedacht. Ich schätze mich glücklich, eine positive und inspirierende Community auf meinen Plattformen zusammenzubringen, die mich selbst jeden Tag antreibt und optimistisch stimmt. Dieses Buch ist für euch, und ich hoffe, ihr kommt damit eurem eigenen Traum ein Stückchen näher.

Vielen Dank an Ann-Kathrin Kunz und das tolle Team vom Südwest Verlag, die mir und dem Thema Journaling mit diesem Buch eine Stimme gegeben haben.

Ein besonderer Dank gilt auch meiner Freundin Ilinca, ohne die dieses Buch nicht möglich gewesen wäre. Du inspirierst mich jeden Tag – ganz egal, in welcher Zeitzone du dich befindest.

Außerdem möchte ich diese einmalige Chance nutzen, um meinen absoluten Lieblingsmenschen und größten Unterstützerinnen und Unterstützern zu danken (in keiner bestimmten Reihenfolge): Mama und Papa, Silvia, Philipp, Isabella, Linus, Luzie, Stefan, Reni, Carina und natürlich Jimmy
(kein Mensch, aber definitiv mein treuester Fan).

Register

Abkürzungen 114
Alltag strukturieren 17
Aquarellfarben 138
Arbeit 79
 – und Privates trennen 58
Archivieren 117
Assoziationen 85
Aufgaben, kleine 56
Aufgabenspielplatz 63
„Aufschieberitis" 58
Ausgaben 54, 98ff.
Ausleihen 174
Ausmalbild 156

Beauty 77
Beispiel-Spreads 167ff.
Belege sammeln 100
Bibliothek 169
Blankobuch 23
Bleeding 186
Braindump 63f., 186
Brainstorming 85
Bücher 169
Budgetplanung 54
Budgetverlagerungen 100
Bullets 186

Caesar-Verschlüsselung 115f.
Calendex 186
Carroll, Ryder 10f.
Chaos 11
Clickbait-Artikel 80
Collection 186

Dailies 186
Daily Logs 56, 186
Dankbarkeitslisten 94f.
Deckblätter 136ff.
Design 50
Do-it-yourself-Projekte 148ff.
Dot Grid 186

„Dringlich" 64
Durchstreichen 144
Dutch Door 186

Ecken, dekorative 136
Einband 21, 30
 – selbst machen 150
Einkommensübersicht 104
Eisenhower-Matrix 64
Erinnerungen 167
Ernährung 76

Familie 80
Familienplanung 171
Farbcodierung 21, 39, 45, 47, 60
Faux Kalligrafie 125
Fauxdoris 30
Finanzen 97f.
Finderlohn 112ff.
Fineliner 24
Flipthrough 186
Freiheit 86
Future Log 42, 186

Gamifizierung 16, 100
Gedanken 11, 16
Gedankenblitz 106ff.
Gedankeninventur 10f., 16
Geheimfach 30, 114
Geld 97f.
Gestaltung 118ff.
Gesundheit 77
Gewohnheiten 16, 66ff., 76
Gewohnheitstracker 50, 68ff.
Ghosting 186
Gratitude Log 186
Glück 72, 86, 94
Grafische Kalenderansicht 50
Graph 72, 171
Großereignisse 92

Habit Tracker 68, 186
Half Bold 131

Hand-Lettering-Übungen 125ff.
Handhaltung 129
Handschrift 120ff.
Hanko 29
Hashtags, die besten 161
Hilfslinien 23
Hobbys 79

Icons 46
Ideale Schlafphase 74
Index 38, 186
Individuelle Gestaltung 31, 57, 181ff.
Inhalte 36ff.
Inspiration finden 158ff.

Jahresübersicht 39ff.
Jot 187
Journal Key 186

Kinder 58, 80
Kollektion 106, 108, 186
Konzentration 58
Kränze 138
Kreativ-Journaling 32
Kryptografie 115

Langzeitplanung 42
Lebenseinstellung 94
Lebensqualität 76
Lebensstil, gesunder 72
Legende 42
Leihgaben 174
Lesebändchen 24
Lesen 169
„Level 10 Life" 89, 92
Lineal 51
Linien 51, 133
Log 187
Lückenfüller 145

„**M**agische Zahlen" 66
Migrate 187
Mikromonatsübersicht 138

Mindmap 85, 110
Minimalistischer Stil 34
Module, wichtigste 162ff.
Monatsevaluierung 176
Monatsübersicht 47, 50
Mondphasen 173
Month at a glance 187
Monthly Log 47, 50, 187
Morgenroutine 176
Morning Pages 187
Motivation 14, 68, 100
Multischrift 123ff.
Muße 80

Nebenjob 58
Neujahrsvorsatz 14
No-spend-Challenge 104
Notizen, mehr Platz für 56
Notizsammlungen 106

Ordnung 78
Organisation 10f., 17, 78, 82

Papier, kariertes 23
 –, liniertes 23
 –, Saugkraft 24
 –, Textur 24
 -qualität 21ff.
Patzer 51, 140, 144
Perfektionismus 51
Periode 171
Persönliche Stolpersteine 72
Planer 21f.
Planungsroutine 96
Prioritäten 11
Produktivität 60, 62, 64, 80ff.
Projekte, große 58
Projekte, kleine 14, 16
Prompts 187
Prokrastination 58
Punkteraster 23

Quartalsziele 92

Rahmen 133ff.
Rapid Logging 16, 62, 187
Raster 133
Realistische Planung 60
Resilienz 94
Routinen 176f.

Schablonen 26
Schlaf 74, 77
Schlafzeiten 60
Schlüssel 17f., 20, 42, 45
Schmuckelemente 132ff.
Schnörkel 136
Schriftelemente 131
Schüler 106
Schwarze Korrektur 142
Scrapbooking Style 35, 142
Seitenzahlen 24
Selbstbekräftigung 139
Selbstliebe 78f.
Selbstständige 104
Sensible persönliche Daten 110
Set-up 187
Signifier 187
Sketchnotes (Visual Note Taking) 110
„Sommerbody" 14
Sozialleben 78
Sparen 97f., 100
Sparziele 100
Spending Log 98
Spielplatzaufgaben 64
Sport 77
Sport Log 169
Spread 187
Stempel 29
 – selbst machen 155
Sticker 29
Stifte 24f.
 –, radierbare 147
Stiftehalter selbst machen 152
Stifttest-Seite 147
Stilrichtungen 31

Stimmungskurve 72
Streaks 68, 104
Struktur des Journals 106
Studenten 106
Studium 79
Symbole 18, 26

Tagesstruktur, oft wechselnde 57
Tägliche Planung 56, 176f.
Tägliche Top 3 62f.
Terminblocker 80
Termine, unmittelbar bevorstehende 47
Threading 187
To-do-Liste 63, 18
Trainingsjournal 169
Träume verwirklichen 62
Traveler's Notebook 150

Überschriften 123ff.
Umzug des Journals, Übertragung 116
Unterziele 92

Verschlüsselung 115f.
Vision Board 23
Visualisierung 139
Vorlagen 167ff.

Washi-Tape 20, 142
Weekly Log 187
Weißraum 23
Weiße Gelstiftkorrektur 140
„Wichtig" 64
Wochenübersicht 54f.
Wort des Jahres 85

Zeichnen 50
Zeitstrahl 58ff., 82
Zentangles 156
Ziel-Check 92
Ziele 11, 14, 16, 84ff.
Zielspielplatz 88, 92
Zitate 139

Impressum

3. Auflage 2019

© 2018 by Südwest Verlag, einem Unternehmen der Verlagsgruppe Random House GmbH, Neumarkter Straße 28, 81673 München

Hinweis

Alle Rechte vorbehalten. Vollständige oder auszugsweise Reproduktion, gleich welcher Form (Fotokopie, Mikrofilm, elektronische Datenverarbeitung oder durch andere Verfahren), Vervielfältigung, Weitergabe von Vervielfältigungen nur mit schriftlicher Genehmigung des Verlags.

Das vorliegende Buch ist sorgfältig erarbeitet worden. Dennoch erfolgen alle Angaben ohne Gewähr. Weder Autorin noch Verlag können für eventuelle Nachteile oder Schäden, die aus den im Buch gegebenen Hinweisen resultieren, eine Haftung übernehmen.

Sollte diese Publikation Links auf Webseiten Dritter enthalten, so übernehmen wir für deren Inhalte keine Haftung, da wir uns diese nicht zu eigen machen, sondern lediglich auf deren Stand zum Zeitpunkt der Erstveröffentlichung verweisen.

Redaktionsleitung: Dr. Harald Kämmerer

Projektleitung: Ann-Kathrin Kunz

Lektorat: Susanne Schneider

Layout: OH, JA! (www.oh-ja.com), München

Satz: Lore Wildpanner

Text und Fotografie: Jasmin Arensmeier

Druck und Verarbeitung: Alföldi Nyomda Zrt., Debrecen

Printed in Hungary

Verlagsgruppe Random House FSC® N001967

ISBN 978-3-517-09684-1

www.suedwest-verlag.de